AF199242

Tucholsky Wagner Zola Scott Sydow Freud Schlegel
Turgenev Wallace Fonatne

Twain Walther von der Vogelweide Fouqué Friedrich II. von Preußen
Weber Freiligrath Frey

Fechner Fichte Weiße Rose von Fallersleben Kant Ernst Richthofen Frommel

Fehrs Engels Fielding Hölderlin Tacitus Dumas
Faber Flaubert Eichendorff

Feuerbach Maximilian I. von Habsburg Fock Eliasberg Zweig Ebner Eschenbach
Ewald Eliot Vergil

Goethe Elisabeth von Österreich London
Mendelssohn Balzac Shakespeare Dostojewski Ganghofer
Trackl Lichtenberg Rathenau Doyle Gjellerup
Stevenson Hambruch
Mommsen Tolstoi Lenz Hanrieder Droste-Hülshoff
Thoma
Dach Verne von Arnim Hägele Hauff Humboldt
Reuter Rousseau Hagen Hauptmann Gautier
Karrillon Garschin
Defoe Hebbel Baudelaire
Damaschke Descartes

Wolfram von Eschenbach Dickens Schopenhauer Hegel Kussmaul Herder
Bronner Darwin Melville Grimm Jerome Rilke George
Campe Horváth Aristoteles Bebel Proust
Bismarck Vigny Barlach Voltaire Federer Herodot
Gengenbach Heine
Storm Casanova Tersteegen Grillparzer Georgy
Lessing Gilm
Chamberlain Langbein Gryphius
Brentano Lafontaine
Strachwitz Claudius Schiller Kralik Iffland Sokrates
Bellamy Schilling
Katharina II. von Rußland Gerstäcker Raabe Gibbon Tschechow

Löns Hesse Hoffmann Gogol Wilde Vulpius
Luther Heym Hofmannsthal Klee Hölty Morgenstern Gleim
Roth Heyse Klopstock Kleist Goedicke
Luxemburg Puschkin Homer Mörike
La Roche Horaz Musil
Machiavelli Kierkegaard Kraft Kraus
Navarra Aurel Musset Lamprecht Kind Kirchhoff Hugo Moltke
Nestroy Marie de France Laotse Ipsen Liebknecht
Nietzsche Nansen Ringelnatz
Marx Lassalle Gorki Klett Leibniz
von Ossietzky May vom Stein Lawrence Irving
Petalozzi Knigge
Platon Pückler Michelangelo Kafka
Sachs Poe Liebermann Kock Korolenko
de Sade Praetorius Mistral Zetkin

Ältere Dichter, Schlacht- und Volkslieder der Schweizer

Verschiedene Autoren

Impressum

Autor: Verschiedene Autoren
Umschlagkonzept: toepferschumann, Berlin

Verlag: tradition GmbH, Hamburg
ISBN: 978-3-8424-8814-4
Printed in Germany

Ziel der TREDITION CLASSICS ist es, tausende deutsch- und fremdsprachige Klassiker wieder in Buchform verfügbar zu machen. Die Werke wurden eingescannt und digitalisiert. Dadurch können etwaige Fehler nicht komplett ausgeschlossen werden. Unsere Kooperationspartner und wir von tradition versuchen, die Werke bestmöglich zu bearbeiten. Sollten Sie trotzdem einen Fehler finden, bitten wir diesen zu entschuldigen. Die Rechtschreibung der Originalausgabe wurde unverändert übernommen. Daher können sich hinsichtlich der Schreibweise Widersprüche zu der heutigen Rechtschreibung ergeben.

Text der Originalausgabe

Verschiedene Autoren

Aeltere Dichter, Schlacht- und Volkslieder der Schweizer

In einer Auswahl herausgegeben von Heinrich Kurz.

1860

I.
Aeltere Dichter.

Dietmar von Aist

Die Trennung

»Slasest du, friedel ziere?
Wan weket unsich leider schiere
Ein vogellin so wol getan,
Daz ist der linden an daz zwi gegan.«

»Ich was viel sanfte entslafen:
Nu rüefestu, kint, Wafen, wafen!
Lieb ane leir mag niht gesin:
Swaz du gebiutst, daz leiste ich, friwendin.«

Diu frowe begunde weinen:
»Du ritest hin, und last mich einen.
Wan wilt du wider her zuo mir?
O we, du füerst min fröide sament dir.«

Kreuzlied

Dem kriuze zimt wol reiner muot
Und kiusche site:
So mac man saelde und allez guot
Erwerben mite.

Ouch ist ez nicht ein kleiner haft
Dem tumben man,
Der stine liebe Meisterschaft
Niht halten kan.

Ez wil niht, daz man fi
Der werke drunder fri:
Waz toue ez uf der wat,
Der sin am herzen niene hat?

Nu zinsent, ritter, iuwer leben
Und ouch den muot
Durh in, der iu da hat gegeben
Lip unde guot.

Swes schild ie was zer welt bereit
Uf hohen pris,
Ob er den Gote nu verseit,
Der ist niht wis.

Wan swem daz ist beschert,
Daz er da wol gevert,
Daz giltet beidiu teil.
Der werlte lop, der sele heil.

Diu werlt mich lachet triegerde an,
Und winket mir:
Nu han ich als ein tumber man
Gevolget ir;

Der haken han ich manegen tac
Gelaufen nach:

Da nieman staete vinden mac,
Daz was mir gach.

Nu hilf mir, herre Krist,
Dar min da varende ist,
Daz ich mich dem entsage
Mit dinem zeichen, deich hie trage.

Sit mich der tot beroubet hat
Des herren min,
Swie nu diu werlt nach im gestat,
Daz laze ich sin.
Der fröide min den besten teil
Hat er da hin;
Und schüefe ich nur der sele heil,
Daz were ein sin.

Mag iz ime ze helfe komen,
Min vart diech han genommen,
Wil i' me halber jehen:
Vor Gote müeze ich in gesehen.

Deutschlands Ehre

Ir sult sprechen willkomen:
Der iu maere bringet, daz bin ich.
Allez, daz ir habt vernomen,
Daz ist gar ein wint: nu vraget mich.
Ich aber wil miete:
Wirt min lon iht guot,
Ich sage iu vil lihte, daz in sanfte tuot.
Seht, waz man mir eren biete.

Ich wil tiuschen frowen sagen
Solhiu maere, daz si beste baz
Al der werlte suln hehagen:
Ane groze miete tuon ich daz.
Waz wold ich ze lone?
Sie sint mir ze her;
So bin ich gefüege, und bite sie nihles mer,
Wan daz si mich grüezen schone.

Ich han lande vil gesehen,
Unde nam der besten gerne war:
Uebel müeze mir geschehen,
Künde ich ie min herze bringen dar.
Daz im wol gevallen
Wolde fremeder site.
Nu waz hulfe mich, ob ich unreht strite?
Tiuschiu zuht gat vor in allen.

Von der Eibe unz an den Rin
Und her wider unz an Ungerlant.
So mugen wol die besten sin.
Die ich in der werlte han erkant.
Kan ich rehte schouwen
Guot gelaz unt lip,

Sem mir Got, so swüere ich wol, daz hie diu wip
Bezzer sint, danne ander frouwen.

Tiusche man sint wol gezogen,
Nehte als engel sint diu wip getan.
Swer si schildei, derst betrogen;
Ich enkan sin anders niht verstan.
Tugent und reine minne,
Swer die suochen wil,
Der sol komen in unser lant; da ist wünne vil.
Lange müeze ich leben dar inne!

Walther von der Vogelweide

Lebensregeln.

Nieman kan mit gerten
Kindes zucht beherten:
Den man z'eren bringen mac,
Dem ist ein wort als ein slac.
Dem ist ein wort als ein slac,
Den man z'eren bringen mac:
Kindes zucht beherten
Nieman kan mit gerten.

Hüetent iuwer zungen:
Daz ziemt wol dien jungen.
Stoz den rigel für die tür:
La kein boese wort dar für.
La kein boese wort dar für,
Stoz den rigel für die tür:
Daz ziemt wol dien jungen,
Hüetent iuwer zungen.

Hüetent iuwer ougen
Ofenbar und tougen;
Lant si guote site spehen,
Und die boesen übersehen.
Und die boesen übersehen
Lant si guote site spehen
Ofenbar und tougen,
Hüetent iuwer ougen.

Hüetent wol der oren,
Oder ir sint toren,
Lant ir boesiu wort dar in,
Daz guneret iu den sin.
Daz guneret iu den sin,
Lant ir boesiu wort dar in,

Oder ir sint toren.
Hüetent wol der oren.

Hüetent wol der drier
Leider alze frier.
Zungen, ougen, oren sint
Dike schalchaft, z'eren blint.
Dike schalchaft, z'eren blint
Zungen, ougen, oren sint,
Leider alze frier
Hüetent wol der drier.

Doppelzüngigkeit.

Got git ze künege, swen er wil,
Dar umbe wundert mich niht vil;
Uns leien wundert umb der pfafen lere
Si lerten uns bi kurzen tagen:
Daz wellents uns nu widersagen
Nu tuonz dur Got und dur ir selber ere,
Und sagen uns bi ir triuwen,
An welcher rede wir sin betrogen;
Volreken uns die einen wol von grunde,
Die alten ode die niuwen.
Uns dunket, einez si gelogen:
Zwo zungen stant unebne in einem munde.

Jakob von Warte.

Taglied.

»Guot riter, merket, waz ich sage:
Ich hoer die vogele singen,
Von liebe scheide dich enzit.
Ein wolken grawet gen dem tage,
Ich sihe in schone uf dringen;
Der melde haz niht vröude git.
Nim urloup tougen zuo der minneclichen,
Und scheidens iuch, daz ist min rat,
Der tac, der wil gerichen,
Mit liebe von einander, sit diu naht ein ende hat.«

Uz süezem slafe ein saelic wip
Vragete, do si erholte
Den wahter singen von dem tage,
Si sprach: »Vriunt, getriuwer lip,
Sage mir mit sanftem worte,
Höstu die vogellin in dem hage?
Du hast min herze uz süezem slafe erschreckt.«
Er sprach: »Lat iuwer vragen sin.
Den riter balde wecket;
Der morgen kumt, daz sage ich uf die rehten triuwen
min.«

Diu minnecliche wacte in do.
Si sprach: »Ach, lieber herre,
Der wahter kündet uns den tac:
Des bin ich armez wip unvro,
Ich wolte und wär er verre,
Der schiere uns zwei gescheiden mac.«
Der riter sprach: »Din muot sol vro beliben,
Du solt mich schiere in vröuden sehen
Din herzeleit vertriben,
Got gebe uns heil! Ich sihe den morgensterne schone
uftreten.«

Steinmar.

Heimliche Minne.

Sumer zit, ich vröuwe mich din,
Daz ich mac beschouwen
Eine süeze saeldaerin,
Mines herzen vrouwen.
Eine dirne, diu nach krute
Gat, die han ich z'einem trute
Mir erkoren:
Ich bin ir ze dienst erborn.
Wart ümbe dich:
Swer verholne minne, der hüete sich!

Ei was mir den Winter lanc
Vor versperret leider;
Nu nimt si uf die Heide ir ganc
In des meien kleider,
Da si bluomen z'einem kranze
Brichet, den si zuo dem tanze
Tragen wil;
Da gekose ich mit ir vil.
Wart ümbe dich:
Swer verholne minne, der hüete sich!

Ich vröuwe mich der lieben stunt,
So si gat zem garten,
Und ir rose roter munt
Mich ir heizet warten,
So wirt hohe mir ze muote,
Wan si ist uz ir muoter huote
Danne wol,
Vor der ich mich hueten sol.
Warte ümbe dich:
Swer verholne minne, der hüete sich!

Sit daz ich mich hueten sol,
Vor ir muoter lage,
Herze liep, du tuo so wol,
Balde ez mit mir wage:
Brich den trutz und al die huote,
Wan mir ist des wol ze muote;
Unt sol ich leben,
Dir si lip unt guot gegeben.
Warte ümbe dich:
Swer verholne minne, der hüete sich!

»Steinmar, hebe dinen muot:
Wirt dir diu vil here,
Si ist so hübesch unt so guot,
Du hast ir iemer ere.
Du bist an dem besten teile,
Der zer werlte vröude, heile
Hoeren sol.
Des bistu gewert da wol.
Warte ümbe dich:
Swer verholne minne, der hüete sich!«

Konrad Schenk von Landegge.

Wohl mir, daß ich sie jemals sah.

Ich verklagte wol diu zit
Und die wunne bernden ouwe,
Tröste mich min trut, min vrouwe,
Nach der sich min herze dicke sent;
Diu mir alse liebe lit
In dem herzen min behalden,
Da si nieman kan verschalden;
Si hat si so lieplich dar gewent.

Mir wart nie lieb als rehte wert,
Si ist in mines herzen veste,
Wol diu herste und ouch diu beste;
Sist, der min Wunsch uf erde gert.

Lachelich ein loser blick
Uz ir lichten, spilnden ougen,
Zarte, minneclichen, tougen,
Sach ich liuhten in mins herzen grunt;
Do kam mir von vröude ein strik
Und ein minne gernder smerze
Also lieplich in daz herze,
Daz ez wart von rehter liebe wunt:
Do ich sach ir munt durliuhtic rot
Alse vröudebaeres lachen,
Lieplich unde vroelich machen,
Do gert' ich nach hebe in wernde not.

Wer gesach ie wibes lip
Also schon' und alse klaren,
Unt so lieplich wol gebaren,
Unt so gar in wibes güete guot?
Si ist gar ein wiplich wip,
Nach dem wunsche wol gestellet,
Saelde hat sich z'ir gesellet,

Si hat kiusche zuht unt reinen muot.
Io mein ich mins herzen ungemach,
Nach der ich mit gerndem sinne
In der minne hizze brinne:
So wol mich, daz ich s' ie gesach.

Die Manessen.

Wa vunt man sament so manig liet?
Man vunde ir niet im künigriche,
Als in Zürich an buochen stat.
Des prüeft man dik da meistersang.
Der Manez rang dar nach endliche:
Des er diu lieber buoch nu hat.
Geim sim hof mechten nigin die fingaere,
Sin lob hie prüevn und andirswa:
Wan sang hat boun und wurzen da,
Und wisse er wa guot sang noch waere,
Er wurb vil endelich dar na.
Sin sun, der kuster, treibz ouch dar;
Des hant si gar vil edels sanges.
Die Herren guot, ze semne bracht·
Ir ere prüevet man da bi.
Wer wiste si des anevanges?
Der hat ir eren wol gedacht.
Daz tet ir sin: der richtet si nach eren,
Daz ist ouch in erborn wol an;
Sang, da man dien frowen wol getan
Wol mitte kan ir lob gemeren,
Den wolten si niet lan zergan.
Swem ist mit edlem sange wol,
Des herze ist vol gar edler sinne;
Sang ist ein so gar edlez guot:
Er kumt von edlem sinne dar;
Das frowen klar, das edil minne,
Vor dien zwein kunt so hoher muot.
Waz war die welt, enwaeren wib so schoene?
Dur si wirt so vil süezekeit,
Dur si man wol singet unde seit
So guot geticht und süez gedoene:
Ir wunne sang uz herzen treit.

Liebesgespräch.

Willkomen si uns der meie,
Er bringet manger hande bluot,
Unde bluomen manigerleie,
Des der winter niht entuot;
So vröut sich allez, daz dir ist,
Gegen der schoenen sumer wunne,
wan das vröude an mir gebrist.

Vrouwe, getörste ich au genenden,
So klagte ich dir mine not,
»Herre, kürde ich not erwenden,
So wante ich vil manigen tot.«
Junkvrouwe, ir toetet minen lip.
»Da für so biute ich min unschulde«,
sprach daz minnecliche wip.

Nu sprich an, minnecliche guote,
Dur din rotez mündelin,
Was ist dir gegen mir ze muote,
Miner sinne ein roubaerin?
Si sprach: »Wie meint irz? ald dur waz
Bin ich, die iuch der Sinne roubet?
wa, warümbe tete ich daz?

Ir man, ir wellet ane wizzen
Vrouwen in dem herzen tragen;
Ob ir iuch habt an eine gevlizzen,
Der sült irz mit zühren sagen,
So mügt ir schiere han vernomen,
Ob iuwer bitten ald iuwer vlehen
iu iemer sol ze troste komen.«

Vrouwe, ich wil nach dinem rate
Vahen an dir selben an:
Habe ich gesumet mich ze spate,
Des wil ich mit dienste man.
So hilf mir, liebiu vrouwe min:
Stirbe ich in diesen ungenaden,
vrouwe, so'st diu schulde din.

Ulrich Boner

Von einem pfaffen und einem esel

Ein pfaf was jung und da bi kluog,
Als noch Pfaffen ist genuog:
Er war stolz und hochgemuot,
Sin stimme ducht in harte guot,
Uf singen er gevlizzen was:
Er wand, daz nieman singe baz,
Denn er: des was er gar gemeit.
Mit singen hat er erebeit;
Jedoch was er gesanges vol.
Wie ez doch nicht geviele wol
Den liuten, doch er dicke sang:
Des in sin narrekeit betwang.
Nu kam ez von geschicht also,
Daz er sang ane maze ho
Uf dem altar; do stuont da bi
Ein vrowe, diu hat ir eselli
Verlorn vor an dem dritten tage:
Si wende vast, groz was ir klage.
Do si der pfaffe weinen sach,
Vil güetlich er do zuozir sprach:
»Sagent, vrowe, waz meinet daz,
Daz iuwer ougen sint so naz?«
Er ward, ir waer gevallen in
Ein andacht von der stimme sin,
Und sprach: »Sol ich iu singen me?«
»Nein, ir herre; ez tuot mir we.«
»Wa von? daz solt ir mir nu sagen.«
»Gern, her!« sprach si, »ich muoz iu klagen,
Wa von ich geweinet han.
Min esel, der mir vil wol kan,
Den hant die Wolf verezzen:
Des mag ich nicht vergezzen.
Wenn ir singent so gar herlich,
So ist iuwer stimme gelich

Der stimme, die ein esel hat:
So manent ir mich uf der stat
An minen esel. Herre min,
Mich wundert, wie daz müge sin,
Daz iuwel stimme so gelich
Mis esels ist: daz wundert mich.«
Der üppig Pfaffe wart geschant:
Siu eselstimme wart erkant;
Doch es geviel im selber wol
Als billich noch ein esel sol.

Wer waent, daz er der beste si,
Dem wont ein gouch vil nahen bi.
Mich wundert, daz daz ore stat
So nach dem munde und nicht vervat,
Daz ieman welle erkennen sich
Unt sine stimme: des wundert mich.
Ez waent manger singen wol,
Des stimme hert ist unde hol,
Und brieschet, als der esel tuot.
Hort er sich selben (daz waer guot)
Mit vremder liuten oren,
Er würd nicht z'einem toren,
Als disem pfaffen ist geschehen.
Ouch hoer ich vil der liute jehen:
Der übel singt, der singet vil:
Menglichen er ertouben wil.

Ulrich Boner

Heinrich von Loufenberg

Ich wölt, taz ich do heime wer
Und aller welte trost enber.
Ich mein daheim in himmelrich,
Do ich Got schowet ewenclich.
Woluf, min sel, und riht dich dar,
Do wartet din der engel schar.
Wan alle Welt ist dir ze clein,
De kumest den e wider hein,
Dohein ist leben one tot.
Und gantzi fröiden alle not,
Do ist gesuntheit one we,
Und wäret hüt und iemer me,
Do sint doch tusent jor als hüt,
Und ist ouch klin verdriessen nüt.
Woluf, min herz und all min muot,
Und suoch daz guot ob allem guot.
Waz daz nüt ist, daz schetz gar clein,
Und jomer allzit wider hein.
Du hast doch hie kein bliben nüt.
Es sye morn oder sie hüt.
Sid ez denn anders nüt mac sin,
So flüech der welte valschen schin,
Und rüw din sünd und besser dich,
Als wellest morn gen himelrich.
Ade, welt! Got gsegen dich,
Ich var do hin gen himelrich!

Ulrich Boner

Huldreich Zwingli.

Fabelisch gedicht von einem ochsen und etlichen thieren iez louffender dinge begriffenlich.

Von einem garten ich üch sag,
Umzünt und bhüt mit starkem ghag,
Mit bergen hoch an einem ort,
Am andren fluß man ruschen hort,
In welchem dickes körpers wont
Ein ochs mit roter farb geschont,[1] Einer gharen,[2]
krusen, schönen stirn,
Einer breiten brust mit wytem ghürn,
Sin hals mit lämpen[3] grossem lust,[4] Vom kinn behenkt
bis an die brust.
Der b'rupft den gart und grünes gras;
Dann etwann, so er durstig was,
Loscht er sich selbs mit Wasser kalt,
Vyhischer hab rych manigfalt;
Vom blinden glück gehaßt allein,
Das us untrüwem verbunst[5] ghein[6] Süß tat ungemengt
mit gallen,
Hat zum ochsen heissen fallen
Katzen der ochsen listig hirt,[7] Von den allein er werd

---

[1] geschmückt.

[2] haarig.
[3] Wonne.
[4] Schönheit.

[5] Mißgunst.
[6] kein.

[7] des Ochsen listiger Hut gab ihm Katzen zu.

gefürt
In aller sach (wie schwöstren dry,
Der ein Medusa hieß, gar fry
Gesachend nur mit einem oug).
Ans ochsen syten hanget ouch

Unabgewandt ein trüwer Hund,
Lycisca genandt, der thät im kund
Ufsätz der thier und hinderlist;
Damit er dester bas gerüst.
Erstumpfen möcht ir scharpfen spitz
Mit hilf der faunen, die mit witz
Er naren hieß im hertz mit danck,
Dadurch sin stand[8] würd nimmer kranck.[9] Wie wol in
do anfiel villycht[10] Der löw mit rügen[11] grusamlich
Und vil der thier, beed groß und klein,
Doch kamend's kum[12] zerrissen heim.
Also der ruch stier uferstuond
Unüberwunden von dem grund.
Do nun die thier mit streich, mit wort
Ganz schuofend nüts; »Wie wurd betort
Diser ochs?« begunntend's jächen,[13] Deß dörf[14] wir
han guot usstechen.«
Do füegt sich bald der leopard
Mit list zum ochsen nach siner art,
Nüemt im sin tat und eer gar hoch;

---

[8] Zustand.

[9] unglücklich, elend.

[10] von Ungefähr.

[11] Brüllen.

[12] mit Worth.

[13] sagen.

[14] dürfen, müssen.

Wenn er anderschwo ouch ein rouch[15] Wurd machen
uf fremdem erdrych,
Denn wurd sim eeren nieman glych;
Schmützt[16] bald die katzen mit feißter gab,
(Der katzen glust), daß sy nit abliessend,
bis daß ins leopards bund
Der ochs käm. Do ball streng der hund,
Doch on frucht; dann an eim angen[17] Ward ochs nach
den katzen ghangen.[18] Do nun mit list der leopard be-
kam
Den ochsen schlecht,[19] daß er annam
Sin bund, füert er in nach siner bger
Hie har, dört hin, beid wyt und feer.
Also ward yngeführt[20] der schlecht
Ochs von katzen, daß er meint recht,[21] Wo er den leo-
pard mit siner stärk
Erhöchen möcht und glychnem[22] werck.
Nimt an all schaden, klein und groß,
Streich, schwertschläg, glych als ein ambos,
Daß er den leopard rych mach;
Ein schlangen züchen[23] was im gach.[24] Do nun des le-
opards glück erblickt

---

[15] Ruhm, Ruf

[16] schmiert, besticht.
[17] Angel.

[18] den Katzen nachgezogen.

[19] schlicht, ehrlich.
[20] angeführt.
[21] daß er es für Recht hielt.

[22] geliehenem.
[23] erziehen.
[24] war ihm angelegen.

Der löw, zum ochsen er bald sich ficht,[25] Und redt in
an, hat schwang und burst[26] Niderg'lan; sagt ouch, wie
in durst
Nach siner gsellschaft, bat in daby
Fründlich, nit zwungen, sunder fry
Daryn ze gon. Diß offnet schnell
Der ochs der katz. Die sprach: »Gesell«,
(Damit sie nit verlür die huld
Und gab herr leopards) »hab geduld;
Wann[27] unsicher ist vertruwen
Dem, sollt ouch nüt uf in buwen.

Wie wol ein küng und höchster Herr
Er ist, mach dich doch von ihm feer;
Dann wo er wurde mangel han
An spys, wurd er dich gryfen an.
Du sichst sin mager angesicht,
Hungrigen schlund; drum bis bericht[28] In z'faren
lon.«[29] Gehorsam was
Der ochs, entbüt dem löwen, daß
Er sin bund nit annemen wöllt.
Das zürnt der löw, gieng hin und brült,
Wüt dröwt, erdenkt, durch welchen weg
Er disen ochsen schädigen mög;
Und bsinnt sich ie, daß ghein fründschaft
Us guotem grund mag gan, die bhaft[30] Ist allein iu dem
nutz. Wie dann
Der leopard nun den ochsen gwann

---

[25] eilt.

[26] Riesen.

[27] denn.

[28] sei berichtet.

[29] ihn fahren zu lassen.

[30] gegründet.

Um eigennutz, darum er mag
In faren lon on alle klag;
Füegt sich damit für leopards loch,
Er klagt sich groß, erzält sin schmach,
Er manet hilf von dem,[31] der in
Verachtet hätt und gschmächt[32] vorhin
Gar oft mit gmachelroub[33] und sust
In ander weg, das alls vertuscht[34] Sollt syn, allein daß
irer bund
Ein fürgang hätt und guoten grund.
Der ward gemacht in kurzem zyt
Stark; dann in allem erdrych wyt
Entsitzend[35] solltend alle thier.
Bald lüssend's an des füchsli gvier[36] Mit spitzen
scharpf, verletzend seer;
Vertryben ganz was ir beger
Us allen hülen[37] on genad.
Das füchsli do zum hirten trat,
Uf dryen beinen kroch, und klagt
Sin wunden tief, ouch wie geschaggt[38] Er wär, und be-
gert gnad mit gding[39] Ze widerkeeren[40] fast gering,[41]
Was es im ie abzogen hätt

---

[31] verlangt Hülfe von dem.

[32] geschmäht.

[33] Frauenraub.

[34] verdeckt, vergessen.

[35] sich entsetzen.

[36] Geviert, vier Wände, Behausung.

[37] Höhlen.

[38] beraubt, mißhandelt.

[39] Bedingung.

[40] wiederbringen.

[41] gern.

Der hüender,[42] des es gnad erbät.
Der hirt, wie wol er etlich bschiß[43] Empfunden hätt, ir
ganz vergißt,
Und sagt im zuo sin hilf und trost;
Damit er den zorn und grimm erloscht
Leonis und leopards, und ylt
Zum ochsen, rüeft in an gar mild
Um hilf und spricht, er lyde zwang,
Von brüedern[44] grossen überdrang;[45] Wie sy im sin
vych und schafstall
Anloufind, ryssind[46] überall
In lämmlis gstalt hinweg dieblich,
Vertrybend, metzgind erbärmklich;
Gedenkt derby des füchslis nit,
Daran im lycht zum meisten lyt
Nach vil ermanung neiget sich
Der ochs zum hirten willentlich.
Vor fröwden darzuo hült der hund,
Fröwt sich der sach us guetem grund;
Welch doch den katzen fraß ir hertz,[47] Und pynget mit
gar grossem schmertz.
Oft sachend sy zum leopard dar
Mit rüw.[48] Do daß der ochs nam gwar,
Kart er sich ouch ein klein[49] wider um;
Doch flugs gestupft[50] brach er die sum.[51] Do das der

---

[42] was es ihm an Hühnern jemals entwendet hatte.

[43] Betrug.

[44] Verbündeten.

[45] Bedrängniß.

[46] raubte.

[47] Was doch den Katzen am Herzen nagte.

[48] Verdruß.

[49] ein wenig.

[50] angetrieben.

bruoderbund empfindt,[52] Vermerktend sy den list gar
gschwind,
Und sagend an dem ochsen krieg.
Wo er von stund an nit entfüeg[53] Den knopf, damit er
bunden was
Zum hirten, daß er[54] ouch ein haß
An'n ochsen wurf. daß er[55] verlon[56] Wär allenthalb,
blos müßte ston
Irn zänen scharpf, und werden spys
Ir beeder schlund nach irer wys.

By disen dingen was ein bock;
Der hatt am kinn des hars ein lock,
Drum er eins wysen stand verstat,[57] Wie wol er wenig
wysheit hat,
Und redt: »Mich wundert nun, ob nit
Ochs gschlagen werd mit synem sitt[58] Uebel; der hirt
beschirm denn in
Mit sinem stab oder zerrünn
Der brüedern gunst, ald[59] widerbring
Sie gaben mild der leopard ring.[60] Doch denn der hirt

---

51 Säumniß.

52 wahrnimmt.

53 auflöse.

54 der Hirt.
55 der Ochse.
56 verlassen.

57 Stelle vertritt.

58 Weise, Thun.

59 oder.
60 gefällig, freundlich.

zu fürchten ist.
Das netz ist ufgespannt, grüst
An allen orten überall.
Mich wirt nun seligen[61] diser fall,
Die grüenen krüter byssen ab,
Verachten alle miet und gab;
Dann wo gaben statt mögend han.
Mag keine fryheit nimmer bstan.
Ein söich gnade[62] fryheit ist,
Daß die Spartani, als man list,
Dem Hydarni antwurt gabend,
Sy zuo bschirmen fyn und z'haben[63] Nit nur mit spies-
sen, sunder mit
Axen.[64] Wo nun die gab belyt[65] Der thieren hertz, wirt
all fründschaft,
Fryheit veracht und guot gsellschaft.«[66]

Verstand diß gedichts.

Durch hirt den papst, den pfaff durch hund,
Den römschen küng do ich verstuond
Durch löwen; den walch[67] durch leopard,
Durch den ochsen gmeines volck,[68] ward
Ich bericht. Wer katzen waren? –
Wer zürnen wollt, mag wol faren[69]

_____

[61] beseligen, beglücklich machen

[62] Glück

[63] bewahren.

[64] Streitäxten.

[65] belagert.

[66] Genossenschaft, Bündniß.

[67] Wälsch, Franzose.

[68] Eidgenossenschaft.

[69] fortgehen. – Die Katzen sind die Schmeichler, welche die Schweizer
an die benachbarten Fürstenthümer verkaufen; die Faunen die Landesheiligen

Johannes Wilhelm Simler.

Liebesgespräch einer Christgläubigen Seel mit ihrem Herrn und Heiland Jesu Christo.

Jesu, wahrer Gottes Sohn,
Deines Vaters Freud und Wonn,
Selber Gott zugleiche,
Was doch mag es immer sein.
Das dich aus des Himmels Schrein
Trieb von deinem Reiche?

War es G'walt und Feiendschaft,
War es wie Magnetenkraft,
Die dich hat gezogen
Aus des Vaters liebstem Schooß
Auf die Erden arm und bloß?
Hat dich List betrogen?

»Nein, o nein! noch List, noch G'walt,
Noch was anders gleicher G'stalt
Brachte mich auf Erden:
Meine Liebe nur allein,
Daß ich möchte Heiland sein,
Hieße mich Mensch werden.«

Was für Dank nun soll ich dir
Für die Liebe, die du mir
Hast erzeigt, erweisen?
Wann ich ewig lobte dich,
Würde doch nicht gnugsam ich
Deine Liebe preisen.

»Weil ich so geliebet dich,
Sollst hin wieder lieben mich,

(St, Fridolin, Gall ec.) Der Angriff der Löwen ist der Schwabenkrieg;
das Füchslein ist Venedig, der Bock die Bündner

Nur allein vertrauen,
Meines Worts ein Thäter sein,
Deines Glaubens Früchte sein
Klärlich lassen schauen.«

Ja, Herr! Aber gib du mir
Deine Gnad, zu folgen dir,
Herzlich dich zu lieben;
Meinen Glauben mir vermehr.
Daß er sich zu deiner Ehr,
Mir zum Heil mög üben!

Hungerige Speisen.

Wirst Armen Gutes thun, so wirst es Gott erweisen,
Und er wird ewig dich vom Baum des Lebens speisen.

Auf einen Maulchristen.

Ein tugendhafter Heid, wiewohl er glaublos ist.
Ist besser als ein Maul- und doch wertloser Christ.

Vom Gewissen und Vielwissen.

Viel Wissen loblich ist, doch mehr ein gut Gewissen;
Wohl dem, der jederzeit sich dessen hat beflissen;
Und das Vielwissen nie dem Gwissen zogen für.
Noch das Gewissen je gesetzet hinter Thür.

Johann Grob.

Gesundheiten.

Unsrer Deutschen Redlichkeit läßt sich augenscheinlich
sehen,
Wenn die spaten Rindertrünk auf Gesundheit umher
gehen:
Ach, ich muß der Thorheit lachen; ist es nicht ein feiner
Schwank?
Andre ganz gesund zu machen, saufen sie sich selbsten
krank.

Frankreich und Afrika.

In dem innern Afrika gibt es stets was Neus zu sehen;
Eben Solches pfleget auch nun in Frankreich zu ge-
schehen:
Jenes bringet Mißgeburten, dieses an der alten Statt
Neue Kleider *à la mode,* die man nie erhöret hat.

Johann Grob.

Ueber eines Becken neues Haus.

Ihr Bürger dieser Stadt, kommt her und nehmt in Acht,
Wie euer kleines Brod so große Häuser macht.

Johann Grob.

Fleiß bringt zu Ehren.

Tummle dich, o junges Blut, wilt du nicht verachtet lie-
gen.
Niemand ist durch Müßiggang in der Welt empor ge-
stiegen.
Fleiß ernähret, Arbeit ehret, laß nur bald die Kinder-
schuh:
Müh und Tugend hört der Jugend, Nach und Ruh dem
Alter zu.

Johann Grob.

Verschwiegenheit.

Schweigen ist eine hübsche Kunst, sonderlich zu diesen
Tagen,
Da es oft gefährlich ist, auch die Wahrheit auszusagen:
Wer die Augen und die Ohren Werkeltage halten läßt.
Und die Zunge feiern heißt, thut gewiß das Allerbest.

Johann Grob.

Die Schweiz.

Es bringt kein hoher Berg, noch enger Paß zuwegen,
Daß meine Leute noch der stolzen Freiheit pflegen,
Kein schneller Wasserstrom, kein unergründter See;
O nein! die *Einigkeit* macht,daß ich noch besteh.

Johann Grob.

Von einem Werber.

Wer ist doch Jener dort, der in dem Scharlachrocke
Mit seinem Federbusch und silberreichem Stocke
So prächtig einher tritt, als wären seiner Drei?
Ich höre, daß er nur ein Ochsenhändler sei.
Soll'n diese Bursche dann auch Federbüsche tragen?
Ja freilich, solche wohl, die nach den Ochsen fragen,
Die nur zweifüssig sind, und die der Trommelschlag
Zu ganzen Rotten hin zur Schlachtung bringen mag.

Johann Grob.

Auf die Geistlichkeit.

Daß auch der Himmel fast', ist uns schwer zu erweisen;
Es ist ja weltbekannt, ihr könnet nimmer reisen,
Daß nicht die güldne Sonn' ihr werthes Licht versteck,
Und euch ein Wolkenbruch als nasses Volk bedeck'.

Johann Grob.

Faulheit.

Ein Fauler schaffet Nichts und frißt doch in die Wette,
Deßwegen schad't er mehr, als läg' er krank zu Bette.
Wer diese Seuche hat, dem gebe man ein Pfund
Gedörrte Rebwurz ein, so wird er stracks gesund.

Schneider.

Billig wird das Schneiderhandwerk durch das deutsche
Land veracht,
Weil es an die Modekleider nicht zugleich auch Schel-
len macht.

Johann Grob.

Von dem Gerolden.

Herr Gerold hat gewiß sein' Herkunft von den Riesen:
Das wird auch sicherlich durch seine Nas' erwiesen.
Denn diese zeiget uns die rechte Riesenart,
Obschon sein andrer Leib das Wachsthum sehr gespart.

Auf den Dietrich.

Dietrich, was führst du viel über meine Hoffart Klage,
Weil ich, wo es sich gebührt, einen kleinen Türkis tra-
ge?
Führest du auf deiner Nasen doch so manchen edlen
Stein,
Welche theurer als Rubine; sollst du dann nicht stolzer
sein?

Johann Grob

Von der Clara.

Clara will zur Hochzeit gehn, jetzund geht es an ein Schmücken:
Alles muß von Seiden sein oder gar von Silberstücken;
Ketten, Armband, edle Ringe, deren steckt sie so viel an,
Daß sie schwerlich ihre Finger vor denselben biegen kann.
Wann sie dann zur Tafel kömmt, pflegt sie wohl für sich zu sehen,
Daß sie nicht beschmutzet werd', als oft leichtlich kann geschehen.
Wie, daß eine solche Dame so für ihre Kleider sorgt?
Ach, sie sorgt für andre Leute, denn sie hat sie nur geborgt.

Johann Grob.

An den Leser

Verwundre dich ja nicht, daß, was ich hier geschrieben,
Nicht zart ist, sondern hart, und gleichsam ungerieben;
Des Namens Eigenschaft liegt meinem Dichten ob,
Es bleibet wohl dabei, ich heiß' und schreibe *grob*.

Halbsuter

Lied von dem Strit ze Sempach. 1386.

Imm tusent und drühundert
und sechs und achtzigsten jar
do hat doch gott besunder
sin gnad thon offenbar
he   der eidtgenossenschaft, ich sag,
tett iren groß bistande
uff Sant Cirillen tag.

Es kam ein bär gezogen
gen Willisow in die statt;
do kam ein Imb geflogen.
in d'linden er gnistet hat:
he   ans hertzogen waffen er flog.
als do der selbig hertzog
wol für die linden zog.

»Das dütet frömbde geste«:
so redt der gmeine man.
do sach man wie die veste
dahinder z'Willisow bran.
he   sie redtend us übermut:
»die Switzer wend wir töden,
das jung und alte blut.«

Si zugend mit richem schalle
von Sursee us der stadt,
die selben herren alle
so der hertzog gesamlet hat:
»he   und kosts uns lib und leben,
die Switzer wend wir zwingen
und inen ein herren geben.«

Si fiengend an ze ziechen
mit ir kostlichen watt:
das völcklin fieng an fliechen
gen Sempach in die statt,
he   das uff den ackern was;
den hertzog sach man ziechen
mit einem hör, was groß.

Welch frowen si begriffen
namend si zu der hand,
hand inen abgeschnitten
wol ob dem gürtel ir gwand
he   und ließends so schmächlich ston:
do batends gott von Himmel,
er welts nit ungrochen lon.

»Ir niderländschen herren,
ir ziend ins oberland:
wend ir üch da erneren,
es ist üch noch unbekandt;
he   ir soltentz vor bycht verjechen:
in oberländscher erne
möcht üch wol wee beschechen.«

»Wo sitzt dann nun der pfaffe
dem einer da bychten muß?«
»Zu Switz ist er beschaffen;
er gibt eim herte buß:
he   die wirt er üch ouch schier geben;
mit scharpfen halenbarten
wirt er üch gen den segen.«

»Das wer ein schwere buße:
gnad herr her *domine!*
so wir die tragen müßten,
es tät uns jemer wee.
he   wem söltind wir es klagen,
wo wir ein sölche buße
von Switzern müßtind tragen?«

An einem mentag frue
do man die mäder sach
jetz mäyen in dem towe,
davon inen wee beschach,
he   und do si gmäyet hand,
do bracht man in zmorgenbrote
vor Sempach uff das land.

Rutschman von Rinach nahm ein rott,
reit ze Sempach an den graben:
»Nun gend haruß ein morgenbrott:
das wend die mäder haben:
he   wann si sind an dem mad.
Und komend ir nit balde,
es möcht üch werden schad.«

Do antwurt imm gar gschwinde
ein burger uß der statt:
»Wir wend si schlan umb dgrinde
gar schier in irem mad,
he   inn gen ein morgenbrot,
das ritter und ouch grafen
am mad wirt ligen todt.«

»Wenn kumpt das selbig morgenbrot
das ir uns wellend gen?«
»Deidgnoßen kommend jetzt gar gnot:
so söllend irs wol vernen;
he   si werden üch richten an,
das üwer etwa menger
den löffel wirt fallen lan.«

Gar bald sie da vernamend
von Sempach uß der burg
wie das deidgnoßen kamend.
Do reit der von Hasenburg;
he   er spächet in der ban:
do sach er bi einandern
meng klugen eidtgnoßen stan.

Die herren von Lucerne
strecktend sich vestigklich,
an mannheit gar ein kerne;
keiner sach nie hindersich;
he   jeder bgert vornen dran.
Do das sach der von Hasenburg,
wie bald er geritten kam!

Und tett zum läger keren,
gar bald er zum hertzog sprach:
»Ach gnediger fürst und herre,
hettind ir hüt üwer gemach,
he   allein uff disen tag!
Das völcklin hab ich beschowet:
si sind gar unverzagt.«

Do redt ein herr von Ochsenstein:
»O Hasenburg hasenherz!«
Imm antwurt der von Hasenburg:
»Dine wort bringend mir schmerz.
He   ich sag dir bi der trüwe min:
man sol noch hüt wol sechen
wedrer der zäger werde sin.«

Si bundend uf ir helme
und tatends fürher tragen;
von schuchen huwentz dschnäbel:
man hett gefüllt ein wagen.
He   der adel wolt vornen dran:
die andern gmeinen knechte
mustend dahinden stan.

Zusamen si da sprachend:
»Das völckli ist gar klein:
söltind uns die puren schlachen,
unser lob das wurde klein;
he   man spräch: puren hands than.«
Die biderben eidtgnoßen
rufftend gott im himel an.

»Ach richer Christ von himel,
durch dinen bittern tod
hilf hüt uns armen sündern
uß diser angst und not,
he   und tu uns byestan
und unser land und lüte
in schirm und schützung han.«

Do si ir bett volbrachtend
gott zu lob und ouch zu eer,
und gottes lyden gdachtend,
do sandt inen gott der herr
he   das hertz und manneskrafft
und das si tapfer kartend
jetz gegen der ritterschafft.

Lucern, Uri, Schwitz, Underwalden
mit mengem biderman,
zu Sempach vor dem walde
da inen der löw bekam,
he   der ruch stier was bereit:
»Und löw, wilt mit mir fechten,
das sig dir unverseit.«

Der löw sprach: »Uff min eide,
du fügst mir eben recht;
ich hab uff diser heide
meng stoltzen ritter und knecht:
he   ich wil dir gen den lon,
umb das du mir einst ze Loupen
gar vil ze leid hast ton.

Und an dem Moregarten
erschlugt mir mengen man.
von mir musts hüt erwarten,
ob ichs gefügen kan:
he   das sig dir zugeseit.«
Do sprach der stier zum löwen:
»Din tröwen wirt dir leid.«

Der löw fieng an ze ruußen
und schmucken sinen wadel;
do sprach der stier »Ruck ußhen:
wend wirs versuchen aber?
he   so tritt hie zuher baß,
das dise grüne heide
von blut mög werden naß.«

Si fiengend an ze schießen
zu inen in den than;
man greiff mit langen spießen
die frommen eidgnossen an;
he   der Schimpff der was nit süeß:
die äst von hochen böumen
fielend für ire füeß.

Des adels hör was veste,
ir ordnung dick und breit:
das verdroß die frommen geste;
ein Winkelriedt der seit:
»He   wend irs gnießen lon
min fromme kind und frowen,
so wil ich ein frevel bston.

Trüwen lieben eidtgnossen,
min leben verlür ich mit.
Si hand ir ordnung gstossen:
wir mögends in brecchen nit;
he   ich wil ein inbruch han:
des wellind ir min gschlechte
in ewig geniessen lan.«

Hiemit do tett er fassen
ein arm voll spieß behend:
den finen macht er ein gassen;
sin leben hatt ein end.
He   er hat eins löwen mut;
sin mannlich dapfer sterben
was den vier waltstetten gut.

Also begundentz brecchen
des adels ortnung baldt
mit howen und mit stecchen.
Gott siner selen walt:
he   wo er das nit het gthan,
so wurds deidgnossen han kostet
noch mengen biderman.

Si schlugend unverdrossen,
erstacchend mengen man;
die frommen eidgenossen
sprachend einandern tröstlich an.
He   den löwen es ser verdroß;
der stier tett vintlich sperren,
dem löwen gab er ein stoß.

Der löw fieng an ze mawen
und tretten hindersich;
der stier starßt sine brawen
und gab im noch ein stich,
he   das er bleib uff dem plan:
»Ich sag dir, rucher lüwe,
min weid mußt mir hie lan,«

Der pfaff hat inen gebychtet,
die buß euch jetzund geben.
Der löw fieng an ze wychen,
die flucht fugt imm gar eben;
he   er floch hin gen dem berg.
Der stier sprach zu dem löwen:
»Du bist keiner eeren wert.

Züch hin, du rucher lüwe:
ich bin bi dir gewesen;
du hast mir hert getröwet,
und bin von dir genesen.
He   züch recht wider heim
zu dinen schönen frowen:
din eer ist worden klein.

Es stat dir lasterlichen,
wo mans nun von dir seit,
das du mir bist entwichen
uff diser grünen heid;
he   es stat dir übel an:
du hast mir hie gelassen
gar mengen stoltzen man.

Dazu din harnist klare
han ich dir gwunnen an;
ouch fünstzechen houptpanere,
die hast du mir getan;
he   das ist dir jemer ein schand;
ich han dirs angewunnen
mit ritterlicher hand.«

Die vesten von Lucernen
hand da ir bests gethan
und hand den frömbden herren
zur rechten adern glan:
he   si hands ze tod geschlagen;
ze Küngsfelden im chloster
ligend ir vil vergraben.

Desglich die vesten von Switze
mit mengem klugen man,
mit mannheit und mit witze
griffends den löwen an:
he   si schlugend inn uff den tod,
si huwend inn in grinde
das er imm blut lag rot.

Darzu die vesten von Uri
mit irem schwartzen stier,
vil vester denn ein mure
bestrittends das grimme Thier;
he   in irem grimmen zorn
schlugend sie durch die helme
die herren hochgeborn.

Und ouch von Unterwalden
die vesten ußerkorn,
die helden wunderbalde,
in irem ruchen zorn,
he   si schlugend tapfer drin
und hiessend die frömbden herren
mit spiessen gotwüllkom sin.

Also vertreib der stiere
den löwen uß dem korn:
sin tröwen und prangnieren
was gar und gantz verlorn;
he   es stat im übel an,
ja das der löw dem stiere
sin weid mit gwalt muß lan.

Hertzog Lüpolt von Oesterrich
was gar ein freidig man·
keins guten rats belud er sich,
wolt mit den puren schlan;
he   gar fürstlich tat ers wagen.
Do er an dpuren kame,
hands inn ze todt geschlagen.

Sin fürsten und ouch herren,
die littend große not;
si tatend sich mannlich weren:
dpuren hand si gschlagen ztod;
he   das ist nun unverschwigen:
dann ob 600 helme
sind uff der walstadt bliben.

Ein herre was entrunnen,
der was ein herr von Gree:
er kam zur selben stunden
gen Sempach an den see;
he   er kam zu Hans von Rot:
»Nun tus durch gott und gelte,
für uns uß aller not.«

»Vast gern« sprach Hans von Rote:
des lons was er gar fro,
das er in verdienen solte;
fürts übern see also.
He   und do er gen Notwyl kam,
do winckt der her dem knechte,
er solt den schiffman erstochen han.

Das wolt der knecht volbringen
am schiffman an der statt,
Hans Rot merckts an den dingen:
das schiffli er bhänd umbtrat;
he   er warff si beid in see:
»Nun trinckend, lieben herren:
ir erstecchend kein schiffman me.«

Hans Rot tett sich bald keren,
seit, wie es gangen was,
zu sinen lieben herren:
»Nun merckents dester bas:
he   zwen fisch ich hüt gfangen han;
ich bitt üch umb die schuppen:
die fisch wil ich üch lan.«

Si schicktend mit im dare:
man zog si uß dem see.
Der bulgen naments ware
und anders noch vil me;
he   si gabend im halbenteil:
des lobt er gott von himel
und meint, es wär wolfeil.

In wätschgern warend zwo schalen,
die warend von silber gut;
die wurdend Hansen Roten:
des was er wol ze mut.
He   er hat si nit verthon:
zLucern bi sinen herren
sind si behalten schon.

Do kam ein bott gar ändlich
gen Oesterrich ze hand:
»Ach edle frow von Oesterrich,
üwer herr ligt uff dem land:
he   zu Sempach im blute rot
ist er mit fürsten und herren
von puren gschlagen ztod.«

»Ach richer Christ von himel,
was hör ich grosser not!
Ist nun min edler herre
also geschlagen ztod,
he   wo sol ich mich hin han?
Het er mit edlen gestritten,
man hett inn gfangen gnon.

Nun ylend wunderbalde
mit ross und ouch mit wagen
gen Sempach für den walde:
da sölt ir inn ufladen;
he   fürend inn ins closter in
hinab gen Künigsvelden:
da sol sin begrebnus sin.«

In und umb und uff dem sin
sig hertzog Lüpolt erschlagen,
das tund die herren ennert Rhin
von den eidtgnossen sagen:
he   ich setz ein anders dran:
wär er daheim beliben,
im het niemand leids gethan.

Mit im so tet er füren
uff wägnen etlich faß
mit hälsling strick und schnüren,
dann er der meinung was,
he   möcht er gesiget han,
so wolt er die eidgnossen
allsamen erhencken lan.

Hett er kein unfug triben
und nit solch übermut,
so wärind die edlen bliben
jetlicher bi sinem gut.
He   si tribends aber zfil:
des ist inen druß erwachsen
ein sölich hantvest spil.

Die frow von Mümpelgarten
und die von Ochsenstein,
si mustind langzit warten
ob ir man kämind hein;
he   si sind ze tod erschlagen:
man hörtz in iren landen
gar jämerlichen klagen.

Die burger von Schafhusen
und die von Winterthur,
si kund gar sere grusen:
der schimpff, der dunkt si sur.
He   Diessenhofen und Frowenveld,
die hand dahinden glassen
meng man uff witem veld.

Do rett sich ein burgermeister
von Friburg uß der statt
»Wir hand ein reiß geleistet,
die uns geruwen hat:
he   wir müssend groß schmache tragen,
das wir uff fryer heide
von Switzern sind geschlagen.«

Die herren ab dem Rhine
und ab dem Bodensee,
hettinds zmäyen lan sine,
so wär inn nit gschechen wee.
He   wemm wend si das nun klagen?
man sach die selben mäder
gar wenig fuder laden.

Desglichen die von Constentz,
die warend hoflich dran,
hand mit dem stier gefochten:
die flucht hand si genon,
he ir paner dahinden glan:
zu Switz hangts in der kilchen,
da sichtz meng biderman.

Von Lentzburg an dem tantze,
da warend ouch die von Baden:
ku Brüni mit irem schwantze
hat irn vil ztod erschlagen:
he das tut den herren wee;
si glust keim sölchen pfaffen
ze bychten niemerme.

Und ouch der lange Frießhart
mit sinem langen bart,
desglich der Schenk von Bremgart,
die blibend uff der fart;
he si sind ze tod erschlagen:
ze Sempach vor dem walde
da ligend si begraben.

Und namlich die von Zofingen
warend ouch an der not:
si hand gar redlich gfochten.
ir vendrich ward gschlagen ztod;
he ir paner das was klein:
einer hats ins mul gschoben:
so kam es wider heim.

Desglichen die von Rinach,
die hand ein mordt getriben:
wie si das selbig hand volbracht,
das ist noch unverschwigen;
he ouch warend si meineid:
und ee der schimpff ein ende nam,
do hat mans inen gseit.

Ku Brüne sprach zum stiere:
»Ach sol ich dir nit klagen?
mich wolt uff diser riviere
ein herr gemulcken haben:
he   ich hab imm den kübel umbgschlagen;
ich gab im eins zum ore
das man in mußt vergraben.«

Halbsuter unvergessen,
also ist ers genant;
zLucern ist er gesessen
und alda wol erkannt;
he   er was ein fröhlich man:
dis lied hat er gedichtet
als er ab der schlacht ist kan.

Schlacht bei Näfels. 1388.

In einer fronfasten da huob sich der Glarner not;
si wontend, zWesen fründ ze han: si gabends in den tot.

Der dises mord gesistet hat, es muoß im werden leid,
er hat nit recht gefaren, wann er ist worden meineid.

In oesterlichen ziten, uf einen sammestag,
da huob sich ein großer strit, daß menger tot gelag.

Ze Glaris in dem lande warend vierthalb hundert man,
die sachend fünfzehen tusend, ir rechten fienden, an.

Da ruofte als behende der von Glaris houbetman,
er ruofte unsern herren Christ von himel an.

»Ach richer Christ von himel, und Maria, reine magd,
wellend ir uns helfen, so sind wir unverzagt,

Daß wir den strit gewinnend wol hie uf disem feld;
wellend ir uns helfen, so bestond wir alle welt.

O helger herr sant Fridoli, du trüwer landesman,
ist dises land din eigen, so hilfs uns mit eren bhan.«

Die Herren brachend in die letz, si zugend in das land;
do es die Glarner sachen, si wichend in ein gand.

Do diß die herren sachend, daß wichend dGlarner man,
si schruwend all mit luter stimm »Nun grifends froelich
an!«

Die Glarner kerten sich umbe, si tatend ein wider-
schnall,
si wurfend mit hempflichen steinen, daß 's in den berg
erhall.

Die herren begundend wichen und bitten umb ir leben;
mit golde und mit silber woltind si sich widerwegen.

»Hettist du silbers und goldes vil groeßer dann ein hus,
es mag dich nit gehelfen, din leben das ist us.

Und ouch din guoter harnist und all din isengwand,
das must du hüt hie lassen wol in sant Fridlis land.

Des dankend wir alle gotte und sant Fridli, dem helgen
man.« –
Und dise manliche thate hand die fromen Glarner than.

In Rosen baden.

Es war Herr Burkhart Münch bekannt
Als tapfrer Kriegsmann in dem Land,
Mit dem Delphin aus Frankereich
Er kam mit starker Macht zugleich.

Nicht weit von *Basel* fiel zumal
Der Eidgenossen große Zahl,
So daß sein Feind für dießmal zwar
Erleget und entflohen war.

Da ritt Herr Burkhart Münch frei fort
Dort auf die Walstatt an den Ort,
Auch über todte Körper all
Und triumphiert mit lautem Schall.

Und auf der Walstatt Einen fand,
Der ihm zuvor war wol bekannt,
Der seine Wunden schwer ertrug;
Alsbald er sein Visier aufschlug.

Und sprach: »Schau heut zu Tag hiebei,
Da baden wir in Rosen frei.«
Solch Wort erhört ein Eidgenoß,
Den diese Schmach gar sehr verdroß,

Daß er zu rächen sich gedacht:
»Ich möcht nur haben so viel Macht,
Weil ich doch lieg zum Tod verwundt«
Also er sich ermahnt zur Stund.

Da richtet er an einem Stein
Sich auf die Kniee ganz allein,
Und warf denselben scharfen Stein
Herrn Burkhart in den Helm hinein.

Da sank Herr Burkhart unverzogen
Und starb an seinem Sattelbogen,
Das Roß ging mit dem Reiter durch,
Und bracht ihn sterbend an die Burg.

»Wie hängt der Ritter auf dem Roß?
Sein Panzer ist ja rosenroth!
Legt ihn nur auf den Kirchhof fein,
Da wachsen viele Röselein.«

So ward die Ros' in ihrem Blut,
Die frech erwuchs mit Uebermuth,
Gar bald zunicht durch fromme Händ':
Das Rosenbad Gott von uns wend'!

Das Waltzhuter Lied. 1468.

Ein nüwes Liedlin heb ich an:
Daß singen ich, so best ich kan,
Wie es stat in dem Lande.
Der Adel hat gemacht ein Pund,
Vnd hat erdacht ein nüwen Fund,
Den Schwizern antzund groß Schande.

Sy fiengend an haben groß Müh,
Si meintend, das Zit wer nun hin,
Die Schwitzer gar zvertriben:
Kämind si nun ze vns vff dWyt,
So köndind wir jnn geben Strit,
Ir müeßt keiner lebend bliben.

Si redtend alle überlut:
»Wir gend vmb niemand nit ein Krut,
Wir bgärend an die Eydgnossen;
Der Bär von Bern tar nit heruß,
Er hat ab vns ein grossen Gruß,
Der Stier darf nimmen stossen.

Der Schwartzwald vermag mengen Mann,
Mit denen wend mir fröhlich dran,
DSchaffhuser zwingen in jr Mure.
Mülhusen, das muoß liden Pin,
Vnd muaß auch unser eigen sin
Es muoß jnn werden sure!«

Sölicher Anschlag tedends vil,
Darumb ich üch nun singen will:
Mich dunckt, der Won habs betrogen.
Des finds im Sungöw jnnen worden,
Die Eydgnossen kamend noch jr Orden,
Si sind durch Elsaß zogen.

Die Eydgnossen namend jnn jr Muot,
Vnd zugend an Rhin für Waltzhuot,
Ir Panner sach mans erschwingen;
Si zugend durch Berg vnd durch Tal,
Vil stoltzer Eydgnossen one Zal,
Hort man sin Harnisch klingen.

Si schlugend vff jr Zelt vnd Hütten
Vor der Statt Waltzhuot an jr Sitten,
Ze nächst wol an jr Mure.
Si schussend drin mit guotem Muot,
Vnd schussend ab dem Wald sin Huot;
Ward denen in der Statt sure.

Mit mengerley Büchsen groß vnd klein
Schussend si mengen harten Stein,
Daß es gar wit tett brummen.
Zehen tusind Gulden muoßtends geben,
Das die Eydgnossen si liessend leben;
Das hat mans kam überkummen.

Enge imn Hegöw hört öch hernach,
DSchaffhuser laßt man vsser der Aach,
Zweitusend Guldin jnnen darzuo geben,
Der Schwartzwald ist das Vnderpfand,
Waltzhuot hats geloht mit der Hand:
Es was jnen nit gar eben.

Schwartzwald, du luogst nit wol darzuo,
Man hat dir gnommen mengi Kuo,
Von der Letz sind jr vil gflochen;
Do die Schwitzet zugend her.
Der hinderst Fuoß war üch vnmer,
Üch hat übel an jnen gschochen.

Man nam jnen Rinder, Roß vnd Schaff,
Apt von St. Bläsi ward ouch gestrafft,
Dry tusend Guldin muoßt er geben;
Damit da koufft ers ab dem Wald,

Do tribends jrn Roub gar bald
Gen Schaffhusen, kam jnen gar eben.

Das hat man ze Bondorf wol vernon,
Do jnen das Vendli ward genon,
Darzuo erstochen und gfangen.
Das Vech trib man jn als dahin,
Bracht denen von Bondorf kleinen Gwin,
Vnd macht jnen groß Verlangen.

Zürich ist ein Ort so guot,
Bern gibt mir hochen Muot,
Lucern lob ich mit Schallen,
Vri, Vnderwalden vnd Schwitz,
Zug, Glarus, jr Lob ich allzit bris,
Si tuond mir wolgefallen.

Von Appenzell so kam der Bär,
Mit zweien von St. Gallen här,
Zuo Waltzhuot suochtends Weide;
Waltzhuot, nun halt dich eben und vest,
Du hast gar vil der frömbden Gäst,
Vier Bärn tuond dir zeleide.

Darumb fing ich vß guotem Muot
Dieß nüwes Lidlin von Waltzhuot,
Thöni *Steinhuser*, was öch im Höre:
Ze Appenzell gat er vß vnd in,
Er dienet schönen Frowlein fin,
Vnd priset inen jr Ere.

Blomonter Zug. 1475.

Ein Vereinung ist lobeliche,
Der grosse Pund genant,
Zuo Trost dem Römischen Ryche
Zugents in Burgundsch Land:
Da haben sy gewunnen
Beid Statt vnd ouch die Schloß,
Gar bald es wart verbrunnen;
Sy führten guot Geschoß.

Straßburg ich wil dich prisen,
Du hasts gefangen an,
Du verholdetest zuo Bern den Wisen
Vier hundert werlich Mann.
Tusend Mann dir schicken
Gar williglich wol bereit:
Gott well, das dirs gelücke.
Es sy dir vnverseit.

Basel, das wolt nit lassen,
Vnd ouch sich machten dran.
Als von den Eidgenossen
Versoldet es fünfhundert Mann.
Colmar, Schletstat mit geren,
Solotern, Fryburg gemeit;
Dem Bischoff von Basel zu Eren
Was Biel gar bald bereit.

In Burgunn sind sy kommen;
Mit einem harten Sturm
Hand sy Lila gewunnen.
Es rumpft sich als ein Wurm.
Durch Wasser warent sy schwimmen,
Da huob sich Angst vnd Not,
Sy mochten nit entrinnen,
Man schluog jr vil zu todt.

Lila das wart verbrennet,
Welsch Heri wart verbrant,
Cuntschattung ward zertrennet,
Ein Schloß Mumbi genant;
Nan, das wart zerstöret,
Man hort nie schneller Gethat;
Granzy wart verhöret
Von dinem wisen Rat.

Granzy ward übergeben
Zuo des von Wirtemberg Hand,
Das Heer sach man streben
Vor Blomont in dem Land;
Der Strus tet mangen Schalle,
Metz vnd das Ketterlin,
Die Neimerin gar balde
Ging als zun Muren jn.

Blomont was ein guot Vesten,
Als ichs kum je gesach,
Gebuwen zum allerbesten,
Alls Gold jr Ober-Tach;
Jr Werinen vnd ouch jr Muren,
Das was vnmeßiglich,
Sechszechen Schuch dick vor Truren
Vnd Achtzechen deßglich.

Vff einem Berg höfflichen
Lag Blomont Schloß vnd Statt.
Vil Körb so fürstiglichen
Das Heer gewürcket hat.
Sy stürmten die Statt frölichen:
Des nam menger ein Sturtz;
Von dannen muoßten sy wichen,
Die Leitern waren zu kurtz.

Müessen wir von hinnen wichen,
Das wer vns immer Schand,
Der Vereinung so lobliche,

Dem Pund in Tütschem Land.
Bern, Basel man besante,
Vil Statt vnd Solotar:
Mit Paner kaments zu Hande,
Brachtent ein große Schaar.

   Gen Blomont in das Schloße
Da kamen ouch die Mar,
Wie das ein Macht so große
Der Bär im Felde war.
Nun rathen, jr Herren frechen:
Wir werden liden Not;
Wellent sy den Sturm nun rechen,
Sy schlachen vns alle todt.

   Das Schloß gaben sy vff balde,
Blomont die Fürstlich Statt;
Man brants mit großem Schalle,
Gantz mans geschlissen hat.
Wers je gesach fürstlichen,
Den rüwet sin groß Schönheit,
Das es als jemmerlichen
Zuo Stücken ist geleit.

   Von dannen was man keren
Gen Burgund in schneller Yl,
Des Ryches Paner zuo Eren
Wol me dann achthalb Mil.
Gramont wart gewunnen:
In Bluot lag menger rot;
Gar schnell es wart verbrunnen,
Man schluog hundert todt.

   Vom Schloß den einen Herren
Im Turn man funden hat,
Den furt man da mit Eren
Gen Bern als in die Statt.
Valant was man vffgeben,
Sy zugen nacket ab,

Damit frist man jr Leben;
Man brant vil Güeter, Hab.

   Die Vereinung als lobliche
Zoch wider in jr Land,
Zuo Trost dem Römischen Ryche,
Der große Punt genant.
Sy hant ein guot Getrüwen
Den Rych-Stetten hin:
Es mag sy nit gerüwen,
Und ist ein guoter Sinn.

   Zwölff Schloß hand sy erlangen,
Darzuo dry Stett so guot.
Er führt erstechelin Stangen,
Der *Zollner* es singen tuot.
Maria, din Kind hing bloße,
Das well es vnderstan,
Das die Irrung große
Werd schier ein Ende han.

Amen.

Freiburg. 1475.

Mit Gesang vertrib ich min Leben,
Von Tichten kan ich nit lan,
Darumb mir Stett Hand geben
Die Schilt ich an mir han,
Das ich mich dester baz mög erweren,
Und erlich kumm gegangen
Für Fürsten und für Herren.

Darumb ich gerne redte,
Das Beste, das ich kond,
Das Gott vom Himmel wette,
Das ich wer recht besint,
Das ich jn geben könte Lehr,
Das sy nun möchten genesen
Als vor dem Weltschen Heer.

Die Pündtnuß gar wit erkant,
Des man sich gar wol fröwen mag,
Ein Statt ligt in Oechtland
Zuforderst an dem Hag;
Fryburg, so ist sy genant,
Und ist ein rechter Schlüssel
Zuo der Eidgnossen Land.

Man soll sich Fryburg fröwen.
Wann es ist Mannheit voll:
Es stat hart als die Löwen,
Darumb ichs loben soll.
Wo man ein Sturm wil fachen an,
So hat es frisch Gesellen
Allwegen vornen dran.

Die von Fryburg ich pryse,
Ir Lob sich teglich mert;
Mich dunckt, er sey nit wise,
Der es nit gerne hört.

Vmb Gerechtigkeit und ouch jr Ere
Hand sy allweg vil erlitten,
Vnd tetends fürbas meren.

Fryburg, du bist ein Kerne,
An Wisheit dir nit brist;
Man hat dich allzit gerne,
Als lang du gestanden bist.
Darumb hüet dich vor Vngefell;
Ich bitt Gott und sin Muotter,
Daß dich kein Riß nit schnell.

Vnd will der Herzog kommen
Von Burgunn, als man dann seit,
So ich wol vernommen,
Du werdest von jm beleit;
Darumb stell dich in gantze Wer,
Lad din guoten Büchßen
Vnd schüß jm in sein Heer.

Gar werlich sind die Muren
Mit Türnen wol vmbstellt;
Das Gold laß dich nit truren.
Das dir doch teglich felt;
Du buwest Türn und Bolwerck guot,
Darumb dir der Burgunner
Keinen Schaden tuot.

Fryburg, solt nit erschricken,
Du bist gar wol gerüst,
Du hast das wol gesechen,
Wie Nuß sich hat gefrist,
Vnd ist gegen dir ein Kinder-Spiel;
Dennocht hat es verderbet
Der Walchen also vil.

Sin Muot hat jn betrogen,
Den er hat geschlagen an;
Kem er für dich gezogen,

Es muoßt im anders gan:
Man wurd in scheren vngenetzt
Mit scharffen Hellebarten,
Die find vff in gewetzt.

Wer Fryburg meint zu gewinnen.
Der hat ein tummen Muot;
Ir Graben, Muren, Zinnen
Sind fest vnd darzuo guot.
Und wenns der Weltsch stürmt über Not,
Als vil er Lüt möcht bringen,
Man schlüeg im alle zuo todt.

Ich weis ein fryes Tiere,
Der Bär ist es genant,
Er kam gezogen schiere,
Vnd tet jm Hilff bekant;
Wann der Burgunner Fryburg beleg,
Es brecht vil junger Bären,
Die schluogen jn hinweg.

Bern, Fryburg, sind zween Namen,
Und ist doch nur ein Statt;
Sy hand groß Lieb zuosammen:
Was ein die andre batt,
Das ist jr nie worden verseit.
Einandern sy nit lassen
In Lieb und ouch in Leid.

Sollotern kam bald gegangen,
Was, es lat Fiyburg nit;
Biel hat auch dar Verlangen,
Wann Fryburg Leid beschicht,
Murten, Burgdorff vnd Loupen vest,
Arberg, Arow und Olten,
Die brechten ouch guot Gest.

Vnd sust all Eidgenossen
In Stetten vnd uff dem Land,

Wend dich, Fryburg, nit lassen,
Als ich von jnen verstand:
Rapperswyl, Bremgart und Winterthur,
Frowenfeld, Bruck, Schaffhusen
Sechen all fest für.

Wenn Fryburg Zürich verschribe,
Und wie es wer beleit,
Nit lenger es belibe,
Lutzern wer schier bereit:
Die zwo Stett hand gar mannlich Lüt,
Sy kemen zu dir gegangen,
Vnd gült es jnen die Hütt.

Von Vre der grimme Stiere,
Der richt vff sin Horn,
Er kem gezogen schiere,
Es tet jm also Zorn;
Wenn Fryburg beschech ein Widerdrieß,
In möcht gantz nieman beheben,
Burgunn er niederstieß.

Schwhytz kem selbst vngeholet;
Fryburg wil es nit lan.
Ir Paner ist gemolet
Mit Gottes Liden fron,
Ein Spiegel aller Christenheit,
Damit tuond sy vertriben
Was jnen tuot ze Leid.

Ein Ort, heißt Underwalden,
Das hat von Volck ein Kern,
Die kemen gar dar balde;
Zug möcht ouch nit entbern,
Sy muoßten ziechen gen Fryburg hin,
Und Glarus deßglichen
Möcht mit deheimen sin.

Die von Sant Gallen die Frommen,
Die weren ouch schier bereit,
Gen Fiyburg wurden sy kommen,
Und wann es wer beleit.
Appentzel und der Grawe Bund,
Die sech man ouch ußziechen
So gar in kurtzer Stund.

Man dörf darumb nit manen;
Fruttigen kem nit zuo spat,
Deßglich die von Sanen,
Wenn Fryburg litte Not,
Kem es für die im Sibenthal,
Das Unter und das Ober,
Sy kemen überall.

Zuo Wallis in dem Lande
Sind frisch Gesellen guot,
Ein Bischoff wol erkande
Zuo Sitten das Edel Bluot;
Der brecht mit jm ein grosse Schaar,
Die Walchen wurden geschlagen,
Das muoßt man nemen war.

Solt ich die Stett all zelen,
Es nemme gar lange Wil,
Der Bund hat frisch Gesellen,
Und der ist also vil;
Von Gryers gar ein edler Graff,
Der wurd den Herzogen suochen
Vor Fryburg an sim Hoff.

Darumb solt nit erschrecken,
Und keinen Unmuot han!
Ich weiß noch vil der Recken,
Die wend dich ouch nit lan,
Die alle in Pund geschworen hand,
Brißgow und das Elsaß
Und gantzes Schwoben-Land.

Mich dunket in minem Sinne,
Fryburg sye also vest,
Und belegs der von Burgynne,
Es tet allein das Best;
Und ob es kein Entschüttung wißt,
Mit seiner eignen Kraffte
Es sich wol vor im frist.

Der uns dis Lied nun hat gedicht
Von disem Punt so kluog,
Er hat sin Sinn daruff gericht,
Er well uns singen gnuog.
Vit Weber ist ouch ers genant:
Das Lied schenckt er mit Willen
Fryburg in dem Oechtland.
   Amen.

Schlacht von Granson. 1476.

Alle ding soll man fahen
in gottes namen an;
man soll sy nit vergahen,
wenn gott will uns bystan;
Maria, gotts mutter, die reine maid,
die will uns allweg helfen
zu aller grechtigkeit.

Uns mag nit misselingen
ja hüt und z'aller frist;
nun will ich frölich singen,
wie es ergangen ist:
an einem samstag es beschach,
da der herzog von Burgunne
vor Granson niederlag.

Sin büchßen wollt er füren
wol uf ven berg an die straß;
darnach begond sich rüren
vil menger eidgenoß;
damit man in überylet hat;
des hatt er sich versumet
und kam doch vil za spat.

Er hat ein spyl angfangen,
dasselb hat er verlorn;
es ist im übel gangen,
die eidgnossen hand in gschorn;
sy hand in gschoren ungenezt:
die zelt und auch die büchsen
ließ er inen zu letz.

Er hat ein wagenburg gschlagen
wol uf ein gute myl;
sy wurdend ganz verzaget,
der bund zog über hinin:

das müet den herzogen also sehr,
daß er ist weggeflohen:
des hat er doch kein er.

Und da man anhub ze stryten
sogar mit rychem schall;
sy woltend uns hinderryten:
das feld ward inen zu schmal.
Die eidgnossen thaten nahin dringen,
des ist ir lob in aller welt,
und die Walhen fast übertringen.

Von Schwitz die frommen eidgnossen
die hand den vorzug than;
der bär wollt sy nit lassen,
Fryburg was auch daran.
Von Schwitz das panner das ist rot,
da gott der höchste fürste
am gewären froncrüz stat.

Sy hand uns nit gelassen,
und wend uns nit verlan;
Uri war unverdrossen,
Zürich zog frölich dran;
Schwiz, Glaris, Zug, Underwalden,
die von Solothurn frölich zugen,
Bern das war auch daran.

Sie zugend us der Wagenburg us,
sy wolltends gryfen an;
da warend die eidgnossen,
vil menig weidlich mann,
sy zugend balde wider sy hin;
des muste der herzog von Burgun
liden ein große pin.

Lob wil ich von inen sagen,
wann ich habs vernommen;
sy dörfends frischlich wagen,

wenn sy in das feld kommen.
E sy griffend so frölich drin,
welli dahinden waren,
die werind gern z'volderst gsin.

Ich kann nit anders singen,
Basel, Straßburg und ander stett,
die sinn wurdend mir zerrinnen,
wie sy es angriffen hettend;
es wurd mir auch zu schwer allein;
ich hatt mit mir zu schaffen,
daß ich sy achtet klein.

Es was ein kleine fröuwde,
Es was im ein großes Leid;
Er spricht uf sinen eide
»Es kumpt üch zu großem leid«;
das söllend wir doch werden innen:
so nemend wir gott zu einem ghilf,
und zühend wider inen.

Herzog, din nam der ist große!
das ist dir wol ein schand,
daß dich die eidgenossen
us dem feld vertriben hand,
Und hand darzu gnon großes gut,
das ich es nit darf sagen,
die schätz namends us fryem mut.

Die Walhen lert man fliegen
us dem schloß Granson uf das land;
sy mustend sich im graben biegen,
es was inen ein große schand,
sy hattend die unseren gehenkt,
das war ir widergelte:
sy wurdend hinab gesenkt.

Schlacht vor Murten. 1476.

Nun merkend all geliche,
mit singen so heb ichs an
von dem punt so kreftigliche;
mit mengem stolzen mann
er ist ins veld gezogen,
mit wehrhaftiger hand;
der gir ist usgeflogen
dem bären in sin land.

Er hat in sinem sinne,
mit im der graf von Nemunt,
die tütschen land ze zwingen;
sy machtend einen punt.
Sy schluogend meng hoch gezelte
für Murten und für das schloß;
darvor hat er im felde
dry hufen, die warend groß.

Er sprach: »Nun merkt mich eben,
die statt ist nit wol bhuot;
ir sond sy mir ufgeben,
ich frist üwer lib und guot.«
Sy gabend im antwort balde:
sy kartend sich nüt dran;
sy truwdens wol zu behalten;
er wär ein betrogener man.

Das thet in ser verdrießen,
daß man im die antwort gab;
mit stürmen und mit schießen
wollt er nit lassen ab.
An die muren thet er richten
zwo büchsen, die warend groß;
da thet man im das vernichten:
den büchsenmeister man im erschoß.

Am ziestag gegen der nachte
do nam er für sich ein sinn,
er stürmpt daran mit machte,
die statt wollt er nemmen in.
Vil schier hatt er verloren
wol me dann tusent man;
das thet im großen zoren,
doch must er sy faren lan.

Darnach am samstag am morgen
da huob sich groß ungemach;
der herzog lag in sorgen,
den pundt man ziehen sach
mit pfyfen und mit trummen,
sy namend doch gott zu stür;
sy thätend in gryfen ane
und machtend im 's lachen thür.

Von Oestrich thun ich prysen
den fürsten hochgeborn;
ein fürst thut er sich bewisen,
sin züg was userkorn.
er reit wol an die Walhen
mit ritterlicher kraft:
das hat so wol gefallen
der frommen eidgnoßschaft.

Von Lutringen thuon ich melden
den edlen fürsten rych,
er ist gsyn in dem felde
sogar on allen wich.
Der herzog von Burgunne
halt es um in verschult:
darumb hat er gewunnen
der frommen eidgnossen huld,

Zürich, das soll man loben,
es treit wol der eren ein kron;
ir lob schwebt billich oben,

sy grifends gar frölich an;
darzu loben ich Berne,
es hat wol erfochten den prys;
darzu lob ich Lucerne,
es hat gethan syn flys.

Uri mit sinem stiere
sprang frölich an den tanz;
Schwitz ich billich ziere,
es macht den reyen ganz;
Underwalden thuon ich nennen;
Zug focht gar ernstlich zum spyl;
die Glarner man da sache
und ander eidgnossen vil.

Solothurn thuon ich nennen,
Fryburg und Appenzell;
Straßburg ließ sich wol erkennen,
es nimpt sich der sachen ein held;
Basel und Müllhusen,
Collmar und Schlettstatt guot:
der punt hat kein Verdrießen,
als gegen dem welschen bluot.

Der Herzog thet sich rüsten
mit sechshundert tütscher man;
damit wollt er sich fristen:
sy mustend vornen dran.
Für sich hat er genommen
dryssig schlangenbüchsen ouch;
die brachtend im kein frommen:
sy schussend vil zu hoch.

Der punt thät an in ziehen,
der herzog setzt sich zu wer;
man meint, er soll nit fliehen
mit einem so großen heer.
Sin volk ward schier zertrennet,
und kam in große not;

als er es da vername,
da floch er mit großem spott.

Da wurdend im erschlagen
wol achtzehen tusend man;
in see thet man sy jagen,
vil me dann ich zeelen kan;
die sind darin ertrunken,
ir wer hat doch kein fuog;
die Walhen mochtend wol denken:
sy hettend der tütschen gnuog.

Diewyl man sy thet schlachen,
da thet der graf Remund
zwen schütze in die statte:
erst ward im die flucht kund.
Er huob sich dald von dannen,
ein fändli man im schweit,
dazu vierhundert mannen:
die blibend da im reit.

Ir flucht was us der maßen,
man schlug in us dem feld;
darin hat er gelaßen
mer dann zehn tusend zelt.
Der herzog von Burgunne,
der graf hand des kein gwinn:
Murten ist noch nicht gwunnen,
es kumpt wol vor in hin.

Der punt von allen Orten
zog uf der walstatt zu rat
und thet der Walchen warten
dry tag an selber statt,
ob man da wollte kommen
mit wehrhaftiger hand:
da warends nit als frommen,
ist inen ein große schand.

Zu Zürich sicht man hangen
zwei panner, acht fändli gut.
Menger Walch ist kum vergangen,
sy half nit ir übermut;
der zal weiß ich kein namen
in allem punt so wyt;
die Walchen sond sich schamen
der schand zu ewiger zyt.

Herzog, du wilt nun kriegen,
du dunkst dich selb gar frisch;
damit thust du dich triegen:
die schantz stat under dem tisch.
Du hast geleit ein bloßen,
dir fehlt die meisterschaft:
dich schlugen die eidgnossen
mit ritterlicher kraft.

Zu Saffoy in dem lande
eine edle herzogin,
ward ir land zu schanden,
das schaft ir dummer sinn.
Hett sy den punt gehalten,
als ir herr vor hat than,
so möcht sy in fröwden alten,
sus muoß sy in truren stan.

Etschlich, der sich hat gspitzet,
und hat uf den punt gespilt:
die in der luken sitzend,
ir anschlag hat in gfelt.
Man mag wol schwigen und thusen,
doch soll mans vergessen nit;
kem es ein mal ze schulden,
man teilte gnad darmit.

Dies liedli hat gesungen
Hans Fiel us fryem muot;
von dem punt ist es erklungen,

von den eidgnossen guot.
Wo man ir hört gedenken,
ir lob wirt offenbar:
das liedli will ich üch schenken
in ein guot sälig jar.

Schlacht bei Nansy. 1477.

Nun wend wir aber heben an,
das best, das ich gelernet han,
und wie es ist ergangen
zu Nansen zu:
da haltends all ein verlangen.

Herzog von Lutringen, das edel bluot,
er schreib den puntgenossen guot,
ja wie er wer gelegen
vor Nansen zu
mit manchem künem degen.

Der punt, der gab vil lüte dar,
der eidgnossen ein große schar
mit werhaftigen handen;
die furt er mit im
wol in das welsche lande.

Zu sant Niklausport stund im der sinn;
da lagend sich der Walhen vil:
sy wurdend all erschlagen.
Dem Herzog Karle von Burgund,
dem thete man das sagen.

Er richt die büchsen uf den plan,
er wont, der punt soll kommen dar:
der won hat in betrogen,
ee er sich hat bedacht,
da hat man in überzogen.

Er lag in einem tiefen hol:
man zog im zu, das wust er wol,
dennoch wollt er nit fliehen;
wol herrlich thet
er inen entgegen ziehen.

Es was der Welschen ungelück,
er hat bestellet manchen strick,
daran wolt er sy henken;
an sinen tod
er thet gar wenig denken.

Sy knüwtend nider uf den plan,
sy ruftend Maryen, gotts mutter, an
mit ufgehepten händen:
»Kumm uns zu hilf
an unserm letzten ende!«

Sy giengend wider uf den plan,
Sy griffend wider gar frölich an
mit keiserlichem rechte.
Herzog Karle von Burgun
hat vil stolzer knechte.

Ja sy lüffend durch studen und dorn,
das thetend sy us ganzem zorn,
wann inen was so gache;
sy schuchend da
weder kat noch lachen.

Da er die scharpfen hallenparten sach,
von denen im zu Murten so we geschach,
darzu die langen lanzen;
in irem reien
wolt er nit mehr tanzen.

Den vortanz solt er han gethan,
da wolt er im feld nit bestan,
er fieng an zu fliehen;
die eidgenossen begunden
nach im frischlich ziehen.

Er gstekt in einem graben tief,
menger mann rannt unde lief,
by im wolt niemand blyben;

syn end must er
allein im graben vertriben.

Ja, ist er je gewesen rych,
dem sicht er ietz ganz ungelich,
da man ihn hat nakend funden;
naket und bloß
mit sinen verserten wunden.

Nun froüw dich, Hagenbach!
du heigest leid oder ungemach,
din Herr ist zu dir kommen;
üwer beder gwalt
ist üch uf erden genommen.

Man leit den herzog uf ein bar.
Man fürt in gen Nansen zwar,
ze tod ward er erschlagen;
herzog Reinhart von Lutringen
hat in zu Nansen vergraben.

Man buwt im ein Capellen an die statt
und da der Herzog erschlagen ward,
mit dryen messen zu meren;
man wichet in
in der helgen dry küngen ere.

Der uns das liedli nüw gesang,
zwen Schwitzerknaben sind sy genannt,
sy hands gar wol gesungen:
Herzog Karle von Burgun
ist nümen heim gekommen.

Das recht Dorneck lyed

An eynem mendag es beschach.
Das man di osterrycher ziechen sach,
Vnd Dorneck wollen sy beschowen;
Vnd Dorneck, du vil höches huß,
Du tuost jnen wee in den ougen.

Ty zugent an der pirß hinab;
Vff Dolneck was menzer Swytzerknab,
Sy hand sich erlich gehalten.
Sy sprachen: »Land sy komen har,
So went wirs gott lan walten!«

Sy kamen für baß vff dem plan,
Die buchssen Hand sy furher getan,
Dorneck wolten sy erschiessen.
Sy butten jnen mangen snöden wortt,
Es begond sy ser verdriessen.

Sy zuchent noch necher hinzuo,
Sy lüyeten recht wie ein swytzer kuo,
Es bond die eidgenossen verdriessen,
»So wend wirs maria clagen
Vnd Jhesum dem vil süessen.

An einem mondtag es beschach,
Das man das leger slachen sach
An Dorneck by der veste,
Vnd Dorneck, du vil höches huß,
Dir koment vil frömbder geste.

Der vogt, der was ein wyser man:
»Ach gott, wie wellent wirs griffen an,
Das wir die sach verendern?«
Er ließ schnell ein bott hinuß,
Gon Liechtstall tet er jn sennden.

Vund do der bott gon Liestall kam,
Die eydgenossen warent vor jm do,
Sy sässen jm allem essen:
»Ich bitten üch, fromen eidgenossen guot,
Deren vff Dorneck wellent nit vergessen!«

Der Schultheiß hinder dem tische saß,
Vnd er den bott anesach:
»Vnd bott, was ist dir angelegen?«
»Ach herr, liebster herre min,
Vnd Dorneck das ist umblegen!«

Der Schultheiß, der was ein wyser man,
Sin essen, das hat er vor jm stan,
Dennocht wolt er nit bliben.
»Woluff, ir lieben eidgenossen guot,
Die lantzknechten wollen wir vertryben.«

Sy zugend bald ze Liestall us,
Gegen den osterrychern
Hatten sy keynen gruß.
Keiner wolt daheimen blyben;
Sy zugen vs früschem freyen muot,
Von Dorneck wolten sy vertryben.

Vund Dorneck, du vil hoches huß,
Der koch, der sluog din kuche vs,
Er tet die hefen schumen;
Eb es ward ein halbe stund,
Da tet man jn die kuche rumen.

Sy zugent an dem grüenen wald har,
Der Oesterrichern was eine große schar,
Sy hand sich vnerlich gehalten:
Sy fluhen über die grüene heide vs,
die köpff tet man jnen spalten.

Die eidgenossen hand ein list erdacht,
Sy hand die Schwaben gen Dorneck bracht,

Sy vnd jren gesellen;
Ir sind ein teil von Straßburg gesin,
Es müge, wemm es welle.

Sy sind gestanden vff vesten grund,
Dry tusent blyben tod vnd wundt,
Das plären tet man jnen vertriben.
Die büchssen, die sy hatten vor Dorneck bracht,
Die sind den eidgenossen blyben.

Der vns das liedlin Nüwes sang,
Ein früscher eidgenos ist ers genant,
Er hatts gar frölich gesungen:
Er hat mengen Swaben erstochen,
Vnd mit den Straßburgern gerungen.

III.
Volkslieder.

Der König von Mailand.

Weiß mer e Herr, hed siebe Süh,
Und nu-n-e einzig Töchterli;
De Herre stellt e Gastmal a,
Er ladt viel fremde Herre dra.

Er ladt vil fremdi Herre-n-i,
De König us Mailand ist au derby.
Die Tochter het e Haar, ist gelber weder Gold,
Darum wird ihr der König us Mailand hold.

Das Mägdli wött ge schlafe go,
Tritt ihr der König us Mailand no;
Und do-n-er het si Wille getho,
Sitzt er ufs Roß und ritt dervo:
In vierzig Woche will er wiederko.

Die vierzig Woche sind umme,
Der König ist nie kumen:
Dem Mägdli wurds im Siteli weh,
Zu einem kleinen Kindele.

»Ach Bruder, liebe Bruder my.
Erlaub du mir dy Kämmerli,
Erlaub mir dy Schlafgade!
Klei Kindli müe-n-i habe.«

»Ach Schwester, liebe Schwester my,
Schlafkämmerli soll di eige sy;
Ich will dir ge viel Gut und Geld,
Bring du dy Kindli recht uf d'Welt.« –

»Ach Bruder, lieber Bruder my,
Und hätti numme-n-e Wyber dry!« –

»Ach Schwester, liebe Schwester my,
D'Wyber müend gly vorhande sy!«

Und do das Kind gebore war,
Die Eine zu der andern sprach:
»Das Kind ist hübsch und minniglich.
Es sieht dem König us Mailand glych.«

Die Muetter an de Wände
Erloset de Reden-en Ende,
Sprung dur de Stege uf und ab,
Bis daß sie zu Mägdlis Vater kam.

»Hend aister gesproche, eui Tochter sig fromm,
Jetz het si gebore en junge Sohn;
Und war die Tochter eu wie my,
Die Rede müeß uns verschwyge sy.

Das Kind ist wüest und grüselich,
Es sieht em leidige Teufel glych.« –
Der Vater fiel in e große Zorn,
Er sprung wohl uf die Mure.
Ruft alle seine Nachbure:

»Nachbure, liebi Nachburi,
Müend mir e Galge mure;
Dra müe my Tochter verfule.
Ich will sie lasse henke,
Ihr junge Soh vertränke.« –

Der Bruder an de Wände
Erloset die Reden-en Ende,
Erloset vom Anfang bis zum End,
Bis ihm sini Aeugli Wasser gend.

»Ach Schwester, liebi Schwester my,
Mir hend e zornigs Väterli;
Er will di lasse henke,
Die junge Soh vertränke.«

Es Mägdli setzt si uf im Bett,
Es heischt Dinte und Federe her.
Es thuet e Briefli schrybe
Sim Herrn in Mailand ine.

»Ach Bruder, liebe Bruder my!
Hätt ich e kleins Bötemli,
Müeßt mir es Briefli trage,
Mym Herrn in Mailand sage,«

»Lieb Schwester, liebi Schwester my,
Das Bötemli willi selber sy,
Will dir das Briefli trage,
Dym Herrn in Mailand sage.

Do-n-er is in Mailand ini kam,
Er so zu selbigem Diener sprach:
»Ach Diener, liebe Diener my,
Möcht euer Herr deheime sy?«

»O nei, myn Herr ist nit dehei,
Myn Herr, der ist geritte us,
Umme zarts Jungfräuli us.
Der Bot, der kehrt si nit dara,
Bis er zum Herr in d'Stube trat.
Was zog er us sim Buse?

»Sieh hie, sieh hie, myn Herre my.
Darin kannst sehe, wer i bi.«
Eh er das Briefli ganz lese kann,
Die Thränen ihm in d'Schooß aberann.

»Stehnt uf, stehnt uf, ihr Ritter, uf!
Mir müend an Rhynstrom ryten us,
Umme zarts Jungfräuli us.

Und du, myn liebe Diener my,
Gang, sattle mir myn Pferdeli,

Und sattle mir das beste Pferd,
Das unter vierthalbhundert wär.«

Und do-n-es war am Frytig früh,
Sie führet das Mägdli us so früh;
Frumm Mägdli wend si henke,
Syn junge Soh vertränke.

Und do-n-es uf die Leiter kam,
Und es de Nachrichter treuli bat:
»Nachrichter, liebe Nachrichter my,
O wart du nu-n-e kleine Wyl.

I ghör e scharfe Reiterei,
I hoffs, es möcht ein drunter sy,
Möcht meines Kindlis Vater sy.«

Der Nachrichter ist e barmherzige Ma,
Er wartet vieithalb Stunden ab,
Er wartet vierthalb Stund,
Bis daß die Schaar vo Ritter kum.

Er wünschet allen e gute Tag
Dazu-n-en gute Morge:
»Wen wend-er so früh versorge?

In unserm Land ist's nit der Bruch,
Daß me's Wybervolk thut henken uf.«
Was zog er us sym Buse?

Voll Wunders ein schönes Tücheli:
»Sieh hin, sieh hin, brun Meidli my.
Wickle du dy kleis Kindli dry!« –
Was zieht er us sir Scheide?

Voll Wunder ein schönglänziges Schwert,
Er stach syn Schwägerin auf die Erd:
»Wenn-i den Adel nit niesse möcht,
So stächi min Schwäher wol uf di Erd.

Ach, Anni, magst 's Ryten erlyde,
Magst zu mir uf my Pferd styge!
Du mueßt nu ryte-n-e halbe Stund,
Bis daß die Gutsche gegen us kunt.« –

»Warum wott i 's Ryte nit besser erlyde.
Als uf de hohe Galge ufstyge!«
Es stoht nit meh als e halb Johr a,
De König stellt e Gastmahl a.

»Ach Anneli, liebs Anneli my,
Wemmer lade dp Väterlt au dry?« –
»O nei, o nei, min Herr, o nei,
Wend lade my Väterli nit drei!« –

»Es flügt e Vögel! nit so hoch.
Es lot si wieder nieder;
Wenn scho dy Väterli zornig ist,
Der Zorn der lat si wieder.«

Hänsis Liebesantrag.

»O Anneli! o Liebi my!
Chönnt i doch alliwyle by dir sy!
Wett dir gä, was i ha,
Schaf und Koih, Roß im Stall;
Was i bi, was i ha,
Und wett denn sy di Ma,
Soig nur einisch ja-a.

O Anneli! seg mer denn, witt mi nit?
Bin i dir öppe z'chlei?
Du brichst mer ds Herz entzwei.
Bin i nit schön gnoig?
Bin i nit jung gnoig?
Bin i nit rych gnoig? Bin i dir z'alt?« –

»Nei, du bisch schön gnoig;
Nei, du bisch rych gnoig;
Nei, du bisch jung gnoig;
Aber i ha naimis scho!« –
»O du faldsche Evas Tochter,
Sag nur, warum thoisch tu das?« –

»Dumme Hänsi meinsch du öppe.
Jedes Meitschi syg für dy?
Wenn me d'Meitschi wett usrechne,
Müeßt me wohl Schoilmeister sy.
Wäre d'Männer nit viel fäldscher,
'S gieng no mit de Wybere hi!«

Freundliche Weisung.

(Bern.)

»Guete-n-Abe, Vreneli!
Chönnt i nit chly weneli,
Chünnt i nit chly weneli
Zu der yne cho?« –

»Chumm mer nit vor myni Thür,
Oll i thue der Riegel für!
Chumm mer nit vor mynes Hus,
Oll i la der Pudel us! –

He, so chumm fry z'Abefitz!
D'Leitere-n-isch a d'Laube gstützt,
U-n-e nagelsneue Thür,
U-n-e strauigs Riegeli für.«

Alte Liebe.

'S isch no nit lang, daß g'regnet het.
Die Läubli tröpfla no.
I ha-n-emol a Schätzli gha,
I wett, i hett es no!

Ietz isch er gange go wandere,
I wünsch ihm Löcher i d'Schueh,
Iitz ha-n-i wieder e-n-angere,
Gott geb mir Glück derzue!

'S isch no nit lang, daß er ghürath het,
'S isch gar a kurzi Zyt;
Si Röckli isch em loderig,
Si Strümpfli syn em z'wyt.

Variante.

Das Gäßle, das i gange bin,
Das Gäßle ga-n-i no;
Das Schätzle, wo-n-i gliebet ha.
Das Schätzte lieb i no.

'S ist no nit lang, daß gregnet het,
Die Bäume tröpflet no;
I ha-n-emol a Schätzle ghet,
I wett, i hett es no!

Jetzt aber ist es g'wanderet
Mit samt de Strümpf und Schueh;
Jetzt ha-n-i wieder en Anderes,
'S ist au en braver Bue.

B'esende

(Bern)

I stohne z'tusig mohle
Hie obe-n-uf der Flueh,
Und wie-n-i dobe stohne,
Lueg-i-n-em Thäli zue.

Und wie-n-i lueg und luege,
Lit Nebel drüber hi,
Und nu sel chline Hüsi
Gläst hell im Sunneschi.

Und wie-n-es glästet und glästet,
Nu trüber wird my Sinn,
I wär in selem Hüsi,
So herzli gern jo drin.

Und wär i au drin inne,
Was würd mer wohl dest meh?
Mis Büehli ist wegzoge,
Wegzoge-n-über See.

Und über See und wyters
I weiß wohl nit wohy;
Früsch Herz! i will em noche,
I will em noche zieh.

Und züchet i-n-em noche,
Und würd is finde deh,
Schwyg, Herz! 's b'elendt di numme,
'S Lieb kennt di nümme meh.

Bitte und Abfertigung

(Bern)

Mys Lieb, we du zur Chilche thuest ga,
Lueg mi nit geng e so a!
Sust säge die fule Chlapperlüt,
Mer ziehe-n-en-angere na.

Mys Lieb, we du i d's Wirthshus thuest ga,
Bring mir nit geng so das Glas!
Brings numme de-n-angere Meitschene o;
Däich nüsti, du gönnist mirs bas.

Mys Lieb, we du zum Tanz thuest ga,
Tanz nit geng numme mit mir!
Tanz numme mit angere Meitschene o;
Z'Nacht chunnst de notti zue mir!

Mys Lieb, wenn du deh z'Märit thuest ga,
Chram mir nit geng e so viel!
We du dys Güetli verchramet hest,
Was soll i deh thue mit dir?

»Ha dir no nüt verchrämerlet,
Ha dir no nüt vertha;
Du bisch mer niene so lube gsi,
Wie-n-i derglyche ha tha.«

Liebesklage

(Bern)

»Schätzeli, was trurist du, weinist du, chlagist du?
Schätzeli, was trurist du, weinist du so sehr?« –
»Ach! we-n-i mein, i heig e Schatz,
Ach! so rumplet numme d'Chatz,
Darum, darum trure-n-i, weine-n-i, chlage-n-i,
Darum, darum trure-n-i, weine-n-i so sehr.«

»Schätzeli, was trurist du, weinist du, chlagist du?
Schätzeli, was trurist du, weinist du so sehr?«
»Ach! we-n-i mein, i heig es Lieb,
Ach! so isch es numme-n-e Dieb.
Darum, darum trure-n-i, weine-n-i, chlage-n-i.
Darum, darum trure-n-i, weine-n-i so sehr.«

»Schätzeli, was trurist du, weinist du, chlagist du?
Schätzeli, was trurist du, weinist du so sehr?«
»Ach! we-n-i mein, jitz chunnt er gschwind,
Ach! so isch's nüt as de Wind.
Darum, darum trure-n-i, weine-n-i, chlage-n-i.
Darum, darum trure-n-i, weine-n-i so sehr.«

Was machen?

(Bern)

Und gah-n-i wyt ufe,
So ha-n-i wyt hei;
Und gah-n-i dur d'Gasse,
So stüpfed mi d'Stei;

Und gah-n-i dur d'Matte,
So netzt mi der Thau
Und blib i deheime,
So krieg i kei Frau.[70]

---

[70] unten dasselbe im Appezeller Dialekt.

Eifersucht

(Bern)

Es ist a Meitschi in diesem Zwing,
'S hät alli Nacht drei Chilter in,
Ja wohl!
Das sy drei stolzi Gselle;
Hei d's Vreneli nit welle;
Versteist du mi wohl?

Das Meitschi gäb lieber tusig Pfung,
Daß Niemer ihm das Liedli sung,
Ja wohl!
Me cha-n-ihms nit verschwige;
Me spielt ihms uf der Gige;
Versteist du mi wohl?

Die Brautwahl

(Berner Oberland)

Es ist nes Mal zwo Gspiele gsin –
Hoff man zue, laß nume, nume ga –
»Laß mir den Knab alleine, j'alleine.

My jüngste Bruder geb ichs dir –
Hoff man zue, laß nume, nume ga –
Vo d's Vaters Guet es Theili, ja Theili.«

Dy jüngste Bruder mag ichs nit –
Hoff man zue, laß nume, nume ga –
Vo d's Vaters Guet keis Theili, ja Theili.«

Der jung Knab hinter dem Hage lag –
Hoff man zue, laß nume, nume ga –
Und hört dem Reden ein Ende, ja Ende.

Weil es ihm ebe-n im Sinne lag –
Hoff man zue, laß nume, nume ga –
»Uwädri will i's nähmen, ja nähmen?

Die Richi ißt keis Haberbrot –
Hoff man zue, laß nume, nume ga –
Und geit nit gärn a d'Sunne, ja Sunne.

Die Armi, die isch hübsch und fin –
Hoff man zue, laß nume, nume ga –
Und grad die will ich's nähmen, ja nähmen.

I will mit dem Pflueg ga z'acherfahren –
Hoff man zue, laß nume, nume ga –
Und du chast wacker spinne, ja spinne.«

Warnung und Nachfrage.

(Bern.)

Gang mer nit über mys Mätteli
Gang mer nit geng dur mys Gras.
Gang mer nit geng zu mym Schätzeli,
Oder i prügle di ab.

»Meitschi, wo hesch du dys Chämmerli?
Meitschi, wo hesch du dys Bett?«
»Hinter der Stege-n-isch d's Chämmerli,
Hinter der Thüre-n-isch d's Bett.«

»Meitschi, was het de Draguner g'seit,
Wo-n-er isch komme zu dir?«
»Het mer gseit, wenn er kei Bräveri findt,
Well er denn blybe by mir.«

»Meitschi, was hesch ihm zur Antwort gä,
Wo du die Rede hesch g'hört?«
»Ha-n-ihm gseit: Scher di, so wyt as d'channst.
Du bist kei Bräveri werth!«

Liebesgespräch.

(Bern.)

Es ist e guets Hirtli, das kennt me gar wohl;
Doch weiß es nit, wo-n-es hi trybe soll.
Tryb ume, tryb ane, tryb her und tryb hi,
Schön Anneli zue vor sys Lädeli!
Tryb hi-n-u tryb her, tryb her und tryb hi,
Tryb über die Gaß zu me-n Andere hy!

»Und über die Gasse, das ist mer nicht recht.
Und i merke-n-i bin dir viel zu schlecht.

Und wär ig es Vögeli, wär ig e Schwan,
So flög i dervo-n-über Berg und Thal.«

»Du bisch mer nit z'schlecht, du bisch mer grad recht,
Doch Vatter und Muetter, die thüe gar letz.

Sie thüe gar letz, u sie wei's nit ha.
Daß i di meh söl yhe la.« –

»U thüe sie so letz, u wei si's nit ha,
So wei mer doch vo der Liebe nit la.

U vo der Liebe da la-n-i nit,
So lang mer Gott mys Lebe git!«

»Und git mer Gott mys Lebe no lang,
So will i di liebe mys Lebelang.

Mys Lebelang und drei Tag dernah!
Jitz chumm, jitz will i di yhe la!«

Der Reigentanz.

(Oberaargau.)

Heida! die liebe Maienzit
Alle Herze Freude git!

Jo und die Maiezit isch do,
'S Mareili mueß an Tanz mit cho.

Der Tanz, der Abendtanz,
My Meidli treit e Chranz!

Den Chranz, den mueß i ha,
Suß blibi en arme Ma.

»Se, my Bueb, do hesch e Chranz
Und chum mit mir an Abendtanz!«

Rothi Rösli uf mym Huet,
Ha-n-i numme-n fröhliche Mueth.

Lueg und a Chranz und 's Meidli darzue;
Juhhe, was bin i e glückliche Bue!

Ueli und Elsi.

(Bern.)

O Ueli, my-n-Ueli,
Chumm du zue mer z'Chilt,
Ich bache dir Schnitte,
Si sy gar nit bitter,
Si sy gar so mild,

»O Elsi, mys Elsi,
I darf nit geng cho,
We's der Aetti vernähmti,
Daß i geng so chämti,
Wie wurd's mer ergo?«

O Ueli, my-n-Ueli,
De Aetti seit nüt!
Er thuet si verschwere,
Er wells nimme wehre,
Es helfi doch nüt.

Das Lied der Guggisberger.

(Bern.)

'S isch ebe-n-e Mönsch uf Erde, Simeliberg!
Und d's Vreneli ab-em Guggisberg,
Und d's Simes Hans Joggeli änet dem Berg!
'S isch ebe-n-e Mönsch uf Erde
Daß i möcht by-n-ihm sy.

U mah-n-er mir nit werde, Simeliberg!
Und d's Vreneli ab-em Guggisberg,
Und d's Simes Hans Joggeli änet dem Berg!
U mah-n-er mir nit werde,
Vor Chummer stirbe-n-i.

U stirbe-n-i vor Chummer, Simeliberg!
Und d's Vreneli ab-em Guggisberg,
Und d's Simes Hans Joggeli änet dem Berg!
U stirbe-n-i vor Chummer,
So leit me mi i d's Grab.

In mynes Büehlis Garte, Simeliberg!
Und d's Vreneli ab-em Guggisberg,
Und d's Simes Hans Joggeli änet dem Berg!
In mynes Büehli's Garte
Da stah zweu Bäumeli.

Das eini treit Muschgat, Simeliberg!
Und d's Vreneli ab-em Guggisberg,
Und d's Simes Hans Joggeli änet dem Berg!
Das eini treit Muschgate,
Das andri Nägeli.

Muschgate, die sy süeßi, Simeliberg!
Und d's Vreneli ab-em Guggisberg,
Und d's Simes Hans Joggeli änet dem Berg!

Muschgate, die sy süeßi,
Und d'Nägeli sy räß.

I geb's myn Lieb z'versueche, Simeliberg!
Und d's Vreneli ab-em Guggisberg,
Und d's Simes Hans Joggeli änet dem Berg!
I geb's mym Lieb z'versueche,
Daß's myner nit vergäß.

»Ha di no nie vergesse, Simeliberg!
Und d's Vreneli ab-em Guggisberg,
Und d's Simes Hans Joggeli änet dem Berg!
Ha di no nie vergesse,
Ha-n-immer a di denkt.

Es sind nunmehr zweu Jahre, Simeliberg!
Und d's Vreneli ab-em Guggisberg,
Und d's Simes Hans Joggeli änet dem Berg!
Es sind nunmehr zweu Jahre,
Daß mi ha-n-a di ghenkt.«

Dort unte-n-i der Tiefi, Simeliberg!
Und d's Vreneli ab-em Guggisberg,
Und d's Simes Hans Joggeli änet dem Berg!
Dört unte-n-i der Tiefi,
Da steit es Mühlirad,

Das mahlet nüt als Liebi, Simeliberg!
Und d's Vreneli ab-em Guggisberg,
Und d's Simes Hans Joggeli änet dem Berg!
Das mahlet nüt als Liebi,
Die Nacht und auch den Tag!

Das Mühlirad ist broche, Simeliberg!
Und d's Vreneli ab-em Guggisberg,
Und d's Simes Hans Joggeli änet dem Berg!
Das Mühlirad ist broche,
Mys Lied, das het-e-n-End.

Dursli und Babeli.

(Solothurn.)

Es het e Bur es Töchterli,
Mit Name heißt es Babeli,
Es hat zweu Züpfli gel wie Gold,
Drum ist ihm auch de Dursli hold.

Der Dursli geit dem Aetti na:
»O Aetti, wotsch mer d's Babeli la?«
»O nei, o nei, o Dursli my,
Mys Babeli ist no viel zu chly!«

»O Müeti, liebstes Müeti my,
Cha d's Babeli no nit ghürat sy?«
»Mys Babeli isch no viel zu chlei,
Es schloft dies Johr no sauft allei!«

Der Dursli lauft i vollem Zorn
Wol in die Stadt ge Solothurn;
Er lauft die Gasse-n-yn und us,
Bis daß er chunnt vor d's Hauptmanns Hus.

»O Hauptma, lieber Hauptma my,
Bruchst du ke Chnecht i Flandre-n-y?«
»O ja, o ja, o Dursli my,
I dinge di i Flandre-n-y!«

Der Hauptma zieht den Seckel us.
Er giebt dem Durs drei Thaler drus:
»Nu sä, nu sä, o Dursli my,
Jitz bist du dinget i Flandre-n-y!«

Der Dursli geit jitz wieder hei,
Heim zu syme liebe Babeli chlei:
»O Aetti, o Müetti, o Babeli my,
Jitz ha-n-i dinget i Flandre-n-y.«

Das Babeli geit wohl hingers Hus,
Es grynt im fast die Aeuglein us:
»Ach Dursli, liebe Dursly my,
So häst du dinget i Flandre-n-y?«

»O Babeli, thue doch nit e so!
I will d's Jahr wieder umhi cho.
Und will bym Aetti frage-n-a,
Ob er mir d's Babeli deh well la«.

U chah-n-i deh nit selber cho,
Will dir es Briefli schrybe lo,
Darinne soll geschriebe sta:
Mys Babeli wott i nit verla.

U wenn de Himmel papyrige wär,
Und e jede Sterne-n-e Schryber wär,
Und jede Schryber hett siebe Händ,
Sie schriebe doch alli mir Liebe kes End!«

Das Mailied.

Der Maie-n-isch komme-n-u das isch ja wahr!
Es grüenet jitz Alles i Laub u-n-i Gras.
I Laub u-n-i Gras si der Blüestli so viel,
Drum tanzet d's Mareieli im Saitespiel.
Nu tanz, nu tanz, Mareieli tanz!
Du hesch es gewunne im Rosechranz!

Mir haue der Maie, mir thüe-ne i d's Thau;
Mir singe's dem Bure sir fründliche Frau,
Der fründliche Frau u dem ehrliche Ma,
Der us a so richlich belohne cha.
Die Büri isch laub, u si git is so gern
Schön Oepfel und Bire mit brunem Chern.

Get use, get use viel Eier und Geld!
So chönne mir wyters, u zieh über Feld.
Get use-n, ihr Lüt, get is Anke-n-u Mehl!
Die Chüechli si hür no bas als fern
E Chetti vo Gold wol z'rings um das Hus!
U jitze-n-isch üses schön Maielied us.

Dank

Gott dank ech, Gott dank ech, ihr fründliche Lüt;
Gott helf ech, Gott helf ech i d's himmlischi Rych!
Im Himmel da isch wol a guldige Tisch,
Da sitze die Engel gesund und frisch.
Im Himmel da isch e guldige Thron,
Gott gebi euch Alle der ewige Lohn!

Die Aargauer Lieben

(Aargau)

Im Aergäu sin zweu Liebi,
Und die hättid enandre so gärn.

Und der jung Chnab zog zue Chriege;
Wenn chunnt er wiederum hei?

Uf's Johr im andere Summer,
Wenn d'Stüdeli trägid Laub.

Und d's Johr und das wär umme,
Der jung Chnab ist wiederum hei.

Er zog durs Gäßeli use.
Wo d's schön Anneli im Fenschterli läg.

»Gott grüeß di, du Hübschi, du Feini!
Vo Herze gefallsch du mer wohl!«

»Wie cha-n-i denn dir no gfalle?
Ha scho längst en andre Ma!

En hübsche-n-und en ryche
Und der mi erhalte cha.«

Er zog durs Gässeli abe
Und weinet und truret so sehr.

Do begegnet ihm seini Frau Mueter:
»Und was weinisch und trurisch so sehr?«

»Was sött i nit weine-n-und trure?
I ha jo keis Schätzeli meh!«

»Wärist du deheime bliebe.
So hättist dys Schätzeli no!«

Jucheie, s'isch Meye

(Aargau)

G'sesch's Tübli uf's Pfar-Here Dach,
Und Stelzli am glitzrige Bach?
Der Gugger im schattige Wäldli
Und d'Lörche im thauige Feldli,
Wi sie ihre Hälseli strecke,
Und d'Lüt usem Schlummer erwecke.

s'isch Alles so prächtig, so schön,
Dr lieb Gott isch gwüß jetz nid bön;
Er gönnt alle Thierlene Freude,
Wem wött au sis Lebe verleide?
Nei! lue au die Spatze-n-und Finke,
Si wei us tem Bächeli trinke.

Ach! lue au dei s'Imbeli a,
's hät Beindli und Höseli dra.
Es mag si fast gar nit erträge,
Das isch jo n-e sichtbare Säge:
Es sumset und flügt i sis Hüsli,
Und freut si und meint sie gar grüsli.

Wie flüge nit d'Buebe erst us!
Es ist der e Freud und e Gruus.
Sie springe und gumpe wie Böckli
I's Gras, über Stude und Stöckli,
Sie chlädre uf Tanne und Bueche,
Wönd Näster und Eier ufsuche.

Du herrliger, liebliche Mey,
Was chromst is nit allerlei bei!
Du bringest so vielerlei Freude,
Wem wött au sis Lebe verleide?
Juheie, und jetz isch es Meye,
Hansjoggi, wie weimer is freue!

Erinnerung.

(Aargau.)

Uf em Bergli bin i g'sesse,
Chönt i numme wieder hi!
O i cha-n-'s schier nit vergesse,
O wie lustig isch es g'si!
D'Vögel händ gar liebli g'sunge,
Schöne Nästli händ si baut;
D'Lämmli sind im Grüne g'sprunge.
Und das Alles han i g'schaut.

Und durs Thäli bin i gange,
Do isch's Bethli mit mer cho:
Dört am Bächli wo so ruschet,
Händ mer blaue Blümli gno.
Händ einander Chränzli g'flochte
Und einander Strüßli g'macht,
Oepis zählt, und amen-einisch
Zwischen-inne herzli g'lacht.

Ueber d'Matte simmer g'sprunge,
O wie het mi das erfreut.
Schöne Liedli händ mer g'sunge,
Daß es tönt het wit und breit.
Und vor's Hüttli simmer g'sesse,
Do sind d'Tübli zu n'is cho,
Denket nur, sie händ is z'Fresse
Us de Hände-n-use gno.

's Bethli het mi lere melche,
's stot mer au nit übel a,
Wenn der wönt, ihr chönnet luege,
Daß is wie ne Chüer cha.
S'het mer mengs no wölle zeige,
Hät i nur nit müsse gah.

Doch i han im jo versproche,
Oepa wieder umme z'cho.

Und uf's Bergli gang i wieder
Jo so g'schwind i numme cha:
Denn em Bethli will i halte,
Was ig ihm versproche ha.
Wo ni vo n'ihm fort bi gange,
Und scho ordli wit bi g'si,
Het es mer no noche g'rufe:
Hansli, gell! du denkst a mi?

Dasselbe bei Göthe.

Uf'm Bergli
Bin i gsässe.
Ha de Vögle
Zugeschaut;
Hänt gesunge,
Hänt gesprunge,
Hänts Nästli
Gebaut.

In ä Garte
Bin i gstande,
Ha de Imbli
Zugeschaut;
Hänt gebrummet,
Hänt gesummet,
Hänt Zelli
Gebaut.

Uf d'Wiese
Bin i gange,
Lugt i Summer-
Vögle a;
Hänt gesoge,
Hänt gefloge,
Gar z'schön hänts
Gethan.

Und da kummt nu
Der Hansel,
Und da zeig i
Em froh,
Wie sie's mache.
Und mer lache.
Und mache's
Au so.

Das Guggibaderlied

(Aargau.)

Es ritet e Rüter dur es Ried,
Er sung mit Freud sis Dägelied,
Er sung's dur dreierlei Stimme,
Daß es zwösche zwei Berglene chlinget;
Schön Anneli g'hörts im Müllerhus,
Und lueget im nach zum Pfeister us.

Das Anneli sprung dur d'Stegen ab,
Und lost und rüeft dem junge Chnab,
O chönt i au ne so singe,
Wött mit em no heimen entspringe;
Seine Chleideli sind au nit z'schlecht,
Sie sind au iedem Fräueli recht.

Ach Anneli, wottst cho mit mir,
Das Baderliedli, das singe-n-ich dir,
E Liedli uf dreierlei Stimme
Wott i dich lehre go singe,
So leg dine schöne Chleidleni an,
So wei me riten zu Berg und Tann.

Das Anneli springt dur d'Stegen uf,
Es leit si Siden und Sammet uf,
Ja Sammet und sidige Schnüre
Der Rüter wott 's Anni verführe:
Er nahm das Anni bim Gürtelschloß
Und schwung's wol hinter sich ufs höchi Roß.

Es got e chli balde, e chli balde,
Er ritet zum finstere Walde,
Si chömet zur grüenliche Haselstud,
Dört rugget e wißliche Durdeltub,
Das Dübeli thät sich ruggiere:
»O du Maidli, er will di verführe!« –

»Ach Rüter, lieber Rüter mi,
Was rugget echt das Dübeli?« –
– »Es rugget wege sim rothe Fueß,
Wo's im Winter dra früre mueß,
Um sine bluetrothe Chralle,
Wo-n-im Winter der Schnee ist gfalle.«

Ei ritet mit em i de fistere Wald,
Das Anneli schreit: »O weh, was Gwalt!«
Er ritet mit em i d'Stude und Stöck,
Es schreit: »O heie, mine sidige Röck!«
Er ritet mit em über Studen und Stei,
Es schreit: »O weh, mine schneewiße Bei!«

Wo si im grüene Wald si duß,
Spreitet der Rüter der Mantel us,
Er spreitet der Mantel is grüene Gras,
Schöne Jungfrau zuo-n-em nieder saß:
»Ach Anneli, chum mer cho luse,
Mis chruselgels Hörli verzuslä!«

So mängi Lock das Anni verthat,
So mängi Thrän as im empfalt;
Er luegt ir unter die Auge:
»Jungfrau, was mueß i g'schauge?
Jungfrau, so lat üer Trure,
Oder was isch üch z'oure?

Weinest du din junge stolze Mueth?
Weinest du um dis väterlich Guet?
Weinest du um dini Ehre,
Aß du meinst, du heigist sie nimmermehre?
Oder weinest du um eine Tanne,
Aß du meinst, du chünnest nümme manne?« –

»Ich weine nit um mis jung stolz Bluet,
Weine nit um mis väterlich Guet,
Und weine nit um mini Ehre,
Aß ich mein, ich heig sie nit mehre,

Weder ich wein ob diesere Tanne
G'seh eindlef Jumpfere dra hange.« –

»Wein nit zu sehr, mis Anneli,
'Sisch wohr, du mueßt die Zwölfti si,
Muesch oben an a d'höchsti Spitz,
Aß me g'seht, daß de Marggräfene bist,
Mueßt Chaiseri si ob alle,
Mueßt aller z'öberist hange.

Schrei du nur zu viel hundert Stund,
Ich weiß ja gar wol, aß Niemer chunt;
Du chaust jo schreien, so viel as d'witt.
Die junge Waldvögel lose der nit,
Und die neume-n-im Obwald flüge,
Die Dübli sind gar verschwiege.«

Der erste Schrei, den 's Anneli g'than,
Es rüeft den liebere Vatter an;
Der zweite Schrei, den 's Annelt thuet,
Es rüeft dem Müetterli lieb und gut;
Und wo's zum dritten und letzten schreit,
So rüefts dem Brüeder, der isch nit dehei.

Der Brüeder, der isch bi's Sternewirths gsesse,
Hält Hochsig-Bratis und Fischli ggesse;
Der Brüeder sitzt bim küele Wi,
Die Stimm got im zem Pfeister ie:
»Ich bitt ech um Gottes Wille,
Hend ech chlei weneli stille!

Es lit mir öppis in minem Sinn
I mein, i g'höre mis Schwösterlis Stimm!
Hör regne, Wind, hör stürme, Wind,
I ghören es Stimmli, wie eues Chind:
Es liegt mir geng im Sinne,
I ghören mis Schwösterlis Stimme.

Sattelt mis best Roß im Stal,
So chan i riten über Berg und Thal;
Zäumet's mit ere isige Chett,
Aß i mim Schwösterli 's Leben rett,
Aß i chumm-n-e chli baß use
Zur ruggede wißliche Tube.

I han es Roß, 'sisch buggeile.
Verzeret alle Strick und Seile,
I cha mis Rösseli wise,
Aß es Bluet schwitzt unter den Ise.
Aß es chocht i Läber und Lunge,
Bis ich mis Schwösterli ha gfunge.«

I chomme baß use gsprunge,
Do chumme i zu einem Brunne,
Er hanget voll Löckli und Maitschiboor,
Der Brüeder denkt, der Traum isch wohr;
Er ist kerunne mit Mägdlibluet,
Der Brüeder denkt, der Traum isch guet.

I chomme baß use, baß use,
Do chummi zu einer Stude.
»Ach Rüdeli, wehr, ach Rüdeli, speer!
Worum denn draijest du selb Widel so sehr?« –
»Schwig, Schwösterli, schwig, dieselbige Wid,
Im Draijen ich se, mim Anneli nit!« –

»Draih sie du nummen und draih sie bald,
Du draijest sie selber an dinen Hals;
Du Rüter, du Schölm, du Räuber, du Dieb,
Lueg, wie mer dir 's Lusen und 's Chruslen vertribt.
Du muesch ietz hange mim Roß a Schwanz,
Du muesch ietz löhre den Höppelidanz!«

Die Kindesmörderin

(Aargau.)

Es wollt en Hirt in Wald use tribe,
Er ghört es chleines Chindeli grine.

»I ghöre di wohl, i gseh di aber nid,
I weiß nit, wer dys Müetterli isch.« -

»Mys Müetterli wot Hochzyt habe,
Darf keis grüenes Chränzeli trage:
Es hat drü chline Chind vergrabe.

»Das Erst hat es is Wasser trage,
Das Ander unter de Mischt vergrabe,

Und im i grüene Wald use gsteckt,
Mit Laub und Escht mi zuebedeckt.«

Er nahm das Chind wohl uf sin Arm,
Und gieng wohl mit is Wirthhus abe:

»Gsä Gott, gsä Gott, ihr Hochzeitgescht!«
Die Brut, die saß wohl oben am Tisch!

Wil sie des Chindes Müetterli isch,
Das Chind wirds sälber zeigen an.

»Ach Mueter, du darfst keis Chränzeli trage,
Du hast drü chleine Chind vergrabe.

Das Erst hast du is Wasser trage,
Das Ander unter de Mischt vergrabe,

Und mi i grüene Wald use gsteckt,
Mit Laub und Escht mi zuebedeckt.« –

»Und wenns au is, wie's Chindli seit,
So schlag der böse Geischt hinein!«

Sobald sie das Wort usesprach,
Der böse Fiend in die Stuben in cham.

»Chum wäg, chum wäg, mi schönt Brut,
Chum wäg, chum wäg, vom Tisch ewäg,
Mit mir muescht trinke Schwefel und Päch!«

Hero und Leander

(Aargau.)

Es wend zwöi Liebi z'sämme,
Wenn's vor em Wasser gsi möcht;
Es schrau im Lieben ännet,
Ob es nit zündä wett?

»Wol frili will ich dir zünda.
Wenn du da übere schwimmst;
Wo mueß i das Liechtli stelle,
Daß mir's nit abe wütscht?

Stell ich's i die Höchi,
So löscht mirs ab der Wind,
Und stell ich's i die Mitti,
So löschet mir's ab die Chind.

Und stell ich's i die Teufi,
Dört lit das alti Wib,
Die Hex dort nebe dem Seeli
Verlöscht's mit ihrem Chib.

Denn chaust da nit übere finda,
Und blibst verloren im See;
Ach Gott, wie will ich der zünda?
Ha scho kei's Liechtli meh!« –

Das Anneli sprung zue der Muetter:
»Erlaubet mir's an den See,
I möcht mini Händeli chuele,
Sie thüent mir im Herza weh!« –

»Ach Tochter, liebeni Tochter,
Alleinig mueßt du nit goh,
Du hest e chlines Schwösterli,
Dasselbig mueßt mit dir loh.« –

»Ach Muetter, liebeni Muetter,
Mis Schwösterli ist e Chind,
Es günnt die chline Blüemli ab,
Di nonig zitig sind.« –

»Ach Tochter, liebeni Tochter,
Alleinig mueßt du nit goh,
Du hest e chlines Brüederli,
Dasselbig mueßt mit der loh.« –

»Ach Muetter, liebeni Muetter,
Mis Brüederli ist e Chind,
Es springt de chline Waldvöglene noh,
Die nonig gfederet sind.« –

»Ach Tochter, liebeni Tochter,
Alleinig mueßt du nit goh,
Nimm du der alti Schiffmann,
Derselbig chanst de mit loh.« –

»Ach Schiffmann, liebe Schiffmann,
Steck du der Angel ab,
Fahr du dem blaue Striemeli noh,
Du findst ein ertrunkene Chnab.«

Es zog der Jungchnab uffä
Im Anni uf sini Schoos;
Bhüet ihn Gott im Himmel,
Daß es ihn fahre loht!

Es gschaut e wol umme-n-und umme,
Es gschaut em wol sini Händ;
»Verleih ihm Gott im Himmel
Es guets glückseliges End!«

Es gschaut e wol umme-n-und umme,
Es gschaut em wol sin Mund:
»Verleih ihm Gott im Himmel
E gueti glückselige Stund!«

132

Was zogs ihm ab sine Finger?
Vo Gold es Ringeli:
»Ach seh, du liebe Schiffmann,
Das soll di Finderlohn si!«

Und nahm den Jungchnab in Arfel,
Sprung mit em i Boddesee:
»Es soll wege minetwille
Kei Jüngling sterbe daß de!«

Tanhäuser

(Entlebuch.)

Welle groß Wunder schauen will,
Der gang in grüenen Wald use.
Tanhuser war ein Ritter guot,
Groß Wunder wollt er schauen.

Wann er in grüenen Wald usen kam,
Zue den schönen Junkfrauen,
Sie fiengen an ein langen Tanz,
Ein Jahr war ihnen ein Stund.

»Tanhuser, lieber Tanhuser mein,
Weit ir bei uns verbleiben?
Ich wil euch die jüngste Tochter ge
Zue einem ehrlichen Weibi.« –

»Die jüngste Tochter, die will ich nid,
Sie treit der Teufel in ihre!
Ich gseh's an ihre brun Augen an,
Weil er in ihre thuet brinnen.« –

»Tanhuser, lieber Tanhuser mein.
Du solest uns nit schälten!
Wenn du komst in disen Bärg,
So mueßt du es etgälten,«

Frau Frene hat ein Feigenbaum,
Er leit sich drunter zu schlafen.
Es kam im für in seinem Traum:
Von Sünden sol er lassen.

Tanhuser stuend uf und gieng dervon.
Er will ge Rom geh bichten;
Wan er ge Rom wol ine käm,
Wal er mit bluoten Füeßen.

Wan er ge Rom wol ine kam,
War er mit bluoten Füeßen;
Er fiel auch nider uf seini Knie,
Seini Sünden wollt er abbüeßen.

Der Papst treit ein Stab in seiner Hand,
Vor Dürri tuet er spalten:
»So wenig würden dir die Sünden nachglan,
So wenig daß der Stab grüenet.«

Er kneuet für das Kreuzaltar
Mit ausgespanten Armen:
»Ich bitte dich. Herr Jesus Christ,
Du wellist meiner erbarmen!«

Tanhuser ging zur Kirchen uß
Mit seim verzagten Härzen:
»Gott ist mir allzeit gnädig gsi,
Jez mueß ich von-em lassen.«

Wan er fürs Thor hin uße kam,
Begegnet im üsi liebe Frauen:
»Behüet dich Gott, tu reini Magt!
Dich darf ich nimmen anschauen!«

Es ging ummen eben drithalben Tag,
Der Stab fing an zu grüenen:
Der Papst schickt uß in alli Land,
Er ließ Tanhuser suochen,

Tanhuser ist jetz nimmen hier,
Tanhuser ist verfahren!
Tanhuser ist in Frau Frenen Burg,
Wott Gottes Gnad erwarten.

Drum sol kein Papst, kein Kardinal
kein Sünder nie verdammen;
Der Sünder mag sein, so groß er wil,
Kan Gottes Gnad erlangen.

Regineli

(Zürich.)

Regineli gieng in Garet,
Wollt breche Röseli ab.
Die sine und die zarte,
Wollt rieche da und dert.

Regineli lueget umme,
Sah einen jungen Knab:
»Wo bist du ine kumme?
's ist Alles wol vermacht.«

»Kei Mur ist mir zu hoche,
Kei Schloß ist mir zu stark;
Ich bin der Herr Jesus selber,
Der Alles erschaffe hat.« –

»Bist du der Herr Jesu« selber,
So gheiß mich mit dir cho;
So will ich mit dir reise
Ins ebige Himmelrich.

Wüßte das myn Vater und Muetter,
Daß ich im Himmel wär,
Sie thäted mi nümme sueche,
Sie chiemed au dohi.«

Herr Jesus schrieb es Briefeli,
Schrieb nu drü einzigi Wort:
»Regineli sei im Himmel,
Sei amene schönen Ort.«

Drei arme Seelen

(Zürich.)

Es sind drei arm Seele vor's Himmels Thür;
Petrus sprach: »Wer ist jetzt dafür?« –

»Drei arme Seele,
Sie sueched Gott den Herrn.« –

»Zwei arme Seele solled inne cho;
Die eint arm Seel soll de breit Weg ga.« –

»Soll die eint arm Seel de breit Weg ga,
So wänd mir au nüt inne cho.«

Petrus sprach: »Muetter Maria,
Was hat sie euch Guts gethan, Guts getban?«

»Sie hat mir alle Samstig z'Nacht
Drü brennedi Liechtli i d'Chille bracht.« –

»Setzet ere uf e Chrone,
Daß sie der Himmel werd blohne!«

Die Jungfrau

(Zürich.)

Es wollt e Jungfrau reise,
Wollt reise über Feld,
Begegnet ihr Herr Jesus
In einem schneeweißen Kleid.

»Gott grüß euch, junge Reisende,
Wo wollt ihr hin alleine?« –
Zu Gott dem Vatter,
Min Sünd biklage!« –

Was hast du denn gesündiget?
Was hast du denn gethan?
Der liebe Gott wird dich strafe;
Er wird dich fahren lan.

Schneeweiß, ganz suberlich
Mußt du bekleidet sy;
Denn mueßt du mit mir reise
Ins ebige Himmelrych.

Im Himmel hät's e Brünneli,
Lauft süeßer weder Hung,
Und wer darab thuet trinke,
De ist bald wieder gsund.«

Das Lied ist us und Amen.
Es sitzed zwei Engeli ufem Thron,
Sie loben Gott und sinen Sohn,
Singed das Heilig, Heilig!
Und das immer, und das immer,
Und das immer und ebig.

Toggeburger Faschingslied

Juchhe Fasenacht!
Wo simmer morn z'Nacht?
Ime guete Gunzebach.
Ghöre Pfanne chrache,
Küchli sind schu bache.
Gämmer äis.
So cha-nni hai,
Gämmer zwäi,
'Sfrürt mi a d'Bäi,
Gämmer drü,
'Sfrürt mi a d'Knü.
Gämmer vieri,
So cha-n-i häi maschiere,
Aber gämmer's bald,
Süst chunt e Fuchs und frißt mers halb.

Die Liebe.

(Appenzell.)

Ond 'sLiebe, das halte mer för kä Sönd, Ju holi u.s.w.
Wemme schöne Meiteli fendt, Ju holi u.s.w. hu!

Aber wemme gad wüesti Meiteli fendt, Ju etc.
So halte mer's Liebe för grossi Sönd. Ju etc.

Und alli Meiteli, Jong ond Alts, Ju etc.
Händ äbe gern e Büebli am Hals. Ju etc.

Die säb mit de Zähne, wie Schnupf so wyß, Ju etc.
Suecht äben o äs mit allem Flyß. Ju etc.

Ond die mit em Hoor, wie me d'Ziegel brennt, Ju etc.
Aebe-n-o mit Gwalt amme Büebli norennt. Ju etc.

Ond die mit den Auge, wie d'Nacht so hell, Ju etc.
Hätt gern a Büebli grad uf der Stell. Ju ,c.

Ond die säb mit de Bakke, wie Chryde so roth, Ju etc.
Berg uf ond ab sömme Büeble nogoht. Ju etc.

Drum män i, bis d'Welt emohl nümme stoht, Ju etc.
De Meitleni 'sLiebe-n-o nit vergoht. Ju etc.

Joddellied.

(Appenzell.)

Bin i nit e lustige Schwyzer-Bue?
Bin i nit e lustige Bue?
Do nimm i mei Dauseli und mei Brenteli,
Und dann geh i zu meim Senteli,
Und do will i, will i glei mei Chueb.
Bin i nit e lustige Bue?
Bin i nit e lustige Bue? Jodldo! u.s.w.

Was machen?

(Appenzell.)

Goh-n-i wyt usi,
So ha-n-i wyt he,
Goh-n'i dör's Gässeli,
So steched mi d'Ste;
Goh-n-i dör d'Wes,
So netzt mi das Thau,
Ond blib i dehema,
So krieg i ke Frau.[71]

---

[71] Siehe dasselbe oben S. 101 im Berner Dialekt.

Sommer ond Wenter.

72

(Appenzell.)

Sommer.

> I tretta i di Stube wohl alzue fescht,
> I grüeze myne Herrn-n-ond ale myne Gescht,
> Wor ich En oder de-n-Andere nüd grüeze,
> Wär ich kein rechte Sommer nüd.
> > Alde, alde, der Ehen Mai,
> > Der Sommer ischt fai.

Wenter.

> Ich bin der Wenter also fromm,
> I säa de Schnee im Feld heromm,
> > Alde, Alde, der Herra Mai,
> > Der Wenter ischt fai.

Sommer.

> Wenter, du bischt en arge Vogel,
> Du tribst die Wyber wohl hinter de-n-Ofe,
> > Alde, alde, der Ehen Mai etc.

---

[72] Dieses Singgespräch wird im Winter von zwei Männern, welche Sommer und Winter vorstellen, meist in Begleitung von vielen Kindern vorgetragen. Der den Sommer vorstellende Mann trägt ein Hemde, um anzudeuten, es sei so warm, daß man barhemd ausgehen dürfe. Er hält in der einen Hand einen Baum mit Birnen und Aepfeln, mit in Flittergold gehüllten Nüssen und mit flatternden Bändern, in der andern Hand einen vielfach gespaltenen Knüttel. Der andere Mann hat als Winter einfache winterliche Kleidung, übrigens einen Knüttel wie der Sommer, welcher dazu dient, nach jedesmaligem Absatz dem Andern damit auf die Schulter zu klopfen, daß es laut vatscht.

Wenter.

> Sommer, du bischt en ardliga Lur,
> Du machscht de Wybere die Milech so sur.
> > Alde, Alde, der Heira Mai etc.

Sommer.

> Wenter, was wöttescht denn wessa?
> Du hescht jo Hosa-n-ond Hemp verressa.
> > Alde, Alde, der Ehen Mai. etc.

Wenter.

> Wenn du witt e Fueder lada,
> Moscht du Heu ond Gabla haba.
> > Alde, Alde, der Herr Mai etc.

Sommer.

> Wenter, i lo mer vo der nüt pocha,
> I cha mi Soppa-n-im Ofaloch chocha.
> > Alde, Alde, der Ehen Mai etc.

Wenter.

> Sommer, wenn du no thätescht hondert Johr leba,
> Thät der i meine Tochter nüd geba,
> > Alde, Alde, der Herra Mai etc.

Sommer.

> Wenter, deine Tochter begehr i nüd,
> Si ischt chropft ond bbogglet ond söß nüd gschid.
> > Alde, Alde, der Ehen Mai etc.

Wenter.

Sommer, du hesch e-n-ardlige Els,
Si hed viel Lüs ond Flöh im Pelz.
    Alde, Alde, der Herra Mai etc.

Sommer.

Es chond jo bald St.Jokebstag,
Dann schneid i mei Korn-n-ond Weissa-n-ab.
    Alde, Alde, der Ehen Mai etc.

Wenter.

Schneidescht vil ab, so tresch i vil us,
Ond mache mym Gredli guet Rudla druß.
    Alde, Alde, der Herra Mai etc.

Sommer.

Jetz chond bald der St.Bartlemestag,
Dann schött i meine Epfel ond Bera-n-ab.
    Alde, Alde, der Ehen Mai etc.

Wenter.

Ond schöttescht vil ab, so les i vil uf,
Ond lesa dem Gretli die schönsta druß.
    Alde, Alde, der Herra Mai etc.

Sommer.

Es chond jo bald St.Michelstag,
Dann schneid i meine reiffa Trauba-n-ab.
    Alde, Alde, der Ehen Mai etc.

Wenter.

> Schneidescht vil ab, so trock i vil us,
> Ond brings mym Gretli, ond trinkes i us.
>> Alde, Alde, der Herra Mai.

Sommer.

> Wenter, schäd di dör d'Stobathör us,
> Du machscht en Gschmackt, das ischt en Grus.
>> Alde, Alde, der Ehen Mai etc.
>> (Der Winter geht zur Stube hinaus.)

Wenter **(außer der Stube).**

> Ach, Sommer, du hescht jo ebe Recht,
> Bis du der Herr ond i der Chnecht.
>> Alde, Alde, der Herra Mai etc.

Sommer.

> Ach, Wenter, chom nur wieder herein,
> (Der Winter kommt, und sie singen beide mit einander,
> der Eine
> Diskant, der Andere Sekund.)
> Wir wollen mit enand guet Gsella sein,
> Ond büt du mer die rechte Hand,
> Wir wollid mit enand i frönte Land.
>> Alde, Alde, der Ehen Mai,
>> Der Sommer ischt fai.

> Es flügt e Vögeli wohl öber das Dach.
> Mer wünschid enand e guete Nacht.
>> Alde, Alde, der Herra Mai
>> Der Wenter ischt fai.

Hirtenlied.

(Appenzell.)

I gohne gwöß of Ebanalp,
Dei ui fahrt mi Schätzli bald.
Mit achtzeha Chüeha ond mit eme Stier,
Ond melecha thued er gad no vier.

Mi Schätzli fahrt ob Ebanalp
Mit achtzeha Chüeha, gönd sibazeha galt.
Worom hed ersch doch ergalta loh?
Zuer Spine goh, hed nöther thue.

Mi Schätzli ischt e Höffertli,
Ond hed e bochsigs Löffeli,
E bochsigs Löffeli on en Stil,
Ond schmotzig Senna geds gad vil.

Grüez mer du de Sennabueb,
Schotta-n-ond Milech ged er wer gnueg,
Wenn er mer gnueg Schotta-n-ond Milech ged
Goh-n-i mit-tem Senn gad nüt i's Bett.

Los, was hed mer's Schätzeli gredt:
Er hei jetz en schöna Huffa Vech,
Er hei jetz au scho meh as halb
Gad dem Heischis Joggeli z'zalt.

Ond los, was hed mer's Schätzeli gsäd;
Er hei no meh as zwänzg Näpf,
Sie seiid au no nüd so wüescht.
Es sei au ken deronder b'büezt.

Jodelliedchen.

Mi Muetter chibet mi,
Wenn i by de Senne bi,
By de Senna bi-n-i gern,
Hür no lieber weder fern.

Der Senn gohd ge schlofa,
Der Handbueb gohd ge stofla,
Der Senn gohd ge müderla,
Der Handbueb gohd ge büderla.

Ada bi-n-i loschtig gsee,
Ond ada by de Lüte,
Ond wer mersch nüd verträge mag,
Der söll mersch gad verbüte.

Goh-n-i ui, goh-n-i ai,
Goh-n-i hin, goh-n-i her,
Denk i gad alawyl.
Wenn no 's Schätzeli bymer wär,

Meitli, bis gschyder,
Ond tanz mit kem Schnyder;
Tanz du mit mir.
I ha Liebe zu dir.

Hoscht gment, du seiescht höbsch,
Ischt aber nüd wohr,
Bischt chropfet ond bboglet,
Ond hescht e roths Hoor,

Süeß Oepfel sind roth,
Sind Cherna drenn,
D'Meitle sind treu,
D'Bueba glaubids gern,

An sura Holzöpfil,
An bittere Chern,
Wie chüessa die Bueba
Die Meitli so gern.

Z'Apazell ond z'Herisau
Sönd die Mätla wohlfel;
Ma ged e ganzes Hüsli voll
För e Schötzli Polver.

Dur 'sGässeli bin i gganga
Dur 'sGässeli goh-n-i meh;
Maiteli ha-n-i gliebet,
Schöne Maiteli lieb i meh.

Um z'Nacht ischt es tunkel,
Die Tanneli sönd schwarz;
Ond e Schätzeli mueß i ha,
De Lüta zum Tratz.

Min Schatz ischt kein Zucker,
Wie bi-n-i so froh;
Sonscht hett-i-ga ggessa,
Jetz ha-n-i ga no.

Wann i a Burachätzli wär,
So wett i lerna musa,
Am Obed spot i's Lädeli goh,
Am Morga wider usa.

Drei höltzi Halbbatze
Ond e glesige Chue,
Das gid mer myn Vatter,
Wann i heurathe thue.

E Johr ischt nüd lang,
Do heurathen wir zemm,
Da wirscht du mei Frauli,
Ond i halt dei Mann.

I bi-n-an Zemmerma,
Ha weder Hus no Hamet,
Ha 'sHolz ime Berga-n-obe,
Ond kas dahama.

I ond mi Schätzla
Mönd fange a husa,
Mönd 'sChätzli verchauffa,
N-ond selber musa.

Schwarzbru sönd d'Haselnuß,
Ond schwarzbru bi-n-i,
Ond wenn mi Einer lieba will,
So muß er sy wie-n-i.

Mi Herzli ischt zue,
Es cha's Niemert ufthue;
En enzige Bueb
Hed de Schlössel dezue.

Luschtig, wemmer ledig sind!
Es wird is scho no chrenka,
Wenn siebna i der Wiega sind
Ond achti uf de Benka.

I ha-n-emol a Bettelbüebli küßt,
Do bi-n-i mit-em ins Töbeli abettüscht.
Bettelbüebli hin, Bettelbüebli her,
Jez küß-i myner Lebtig ke Bettelbüebli meh.

I hä gär e schöns Henneli,
Es läd wonderschöne Ä,
Was wil-i lang hüselä?
I bi ebe-n-ale.

Minn Schatz ist chridawyß,
Hed chline Lüsli;
Si chrüchid-em d'Ohra-n-uf ond ab,
Wie d'Schnegge mit dem Hüsli.

Ui ist nüd aba,
Ist aber währli wohr;
Ond wenn-i min Schatz en Tag nüd gsieh.
So men-i, es sei e Johr.

Ond wie der Wind geht,
Ond so schwenk i mein Huet
Wie besser der Wein,
Wie bas er mer thued.

Ziegerafisch ond was guet ist,
Und Schotta-n-a d'Zehna,
Wenn d'scho e betzli höbscher bist,
Most niena söfel mena.

Min Vatter hed gseid;
Bueb, bleib mir nöd aus.
Do ha-n-i verstande:
Die ganze Nacht aus.

Lina Karleia,
Schlah Kuchithür zue,
Schöne Meitla, schöne Meitla
Gids überal gnueg;
Schöne Bueba, schöne Bueba
Gids wenig im Land.
Kropfet ond bogget
Gids Huffa-n-überenand.

Wysse Wy ond rothe Wy,
Ond Wasser ab der Röhra,
Ond, Bueba, thüend mer d'Schnorra zue,
I mag-i nomma köra.

Ha kärtlet, ha keglet,
Ha 'sGeltli verspillt,
Ha d'Meitli nüd gliebet,
Jetz sönd si so wild.

Bin einmol oder zwei
Zu meim Dientel hein;
Jetz könt-dirs nit saga,
Wie lustig es sei.

Du Dientel, du netts,
Du ligst mir im Herz;
Du kommst mir nit raus,
Bis das Lieba-n-ist raus.

Adam ond Eva
Hend's Lieba erdacht;
I ond my Schätzeli
Hends au eso gemacht.

Der Tüssig Gotts Wila,
Thue doch nüd eso;
Es chönnt e Zyt komme,
Du wärest meiner noch froh.

Hei ufa, hei abe,
E Dienteli mueß-i habe,
E hübschs ond e freis:
Es gilt e Halbbatze,
I krieg emol eis.

Gelt Vatter, gelt Muetter?
Schöns Meiteli bi-n-i,
Nöd bugglet, nöd kropfet,
Kei Wangeli ha-n-i.

Obscho-n-i chorz ond gstompet bi,
Wil-i enest au ne Ma;
Es ged no so vil schmotzig Bueba,
Si mönd au Wyber ha.

Hei ufi uf d'Alp
Zue de wysse Schümmil,

Die lustiga Bueba
Kond ale in Himmil.

Min Schatz ist en Engel,
E herzig schöns Chend;
I wött-a treu lieba,
Wenn-i bi-n-em seh chönnt.

Ach, herzig schöns Schätzeli,
Wie gfallst mer so wohl,
I will di lieb haba

Bis in den Tod;
I will di lieb haba
In Freud ond i Leid,
Bis-is der Tod vo-n-enandera scheidt.

Min Schatz ist z'Bernig uß,
Ond i bi hinne.
Min Schatz thued tanze duß
Ond i mueß spinne.

Mi Schätzeli ist komma,
Wie bi-n-i so froh,
Er büt mer sy Hand,
I soll säge: Jo, Jo.

Salome ond Dorothe,
Komm, mer wend go tanza,
A Stückli Brod im Juppasack,
Ond Habermueß im Ranza.

I ha gmeint, i ha e Schätzeli,
So hübsch ond au so sein,
Do hed mersch jo der küele Wind
Wohl über d'Haide gweit.
Wohl über d'Haid,
Wohl über de Bodasee:

Jetz trau-i au my Lebalang
Keine Bueba meh.

E nigelnagelneus Hüsli,
Ond e nigelnagelneus Dach.
E nigelnagelneus Schätzeli –
Wie freut es mich doch.

No still ond nüd z'laut,
Daß der Vater nüd schaut,
Ond die Mutter nüd hört.
Sonst werid-mer verstört.

I ond mi altes Wyb
Husid gar öbel,
Husid schon siba Jahr,
Hend no ken Chöbel.

Was nützt mi das Tengela,
Wenn d'Seges wohl haut?
Was nützt mi das Lieba,
Wenn 's Schätzeli nüd schaut?

Ond us ist mit mir,
Ond mi Hus hed kei Thür,
Ond mi Thür hed kei Schloß,
Ond vom Schätzeli bi-n-i los.

Ond ietz daß i los bin,
So freut mi das Ding;
Ond e-n-andersch zu lieba,
Das ha-n-i im Sinn.

Rechte Liebe.

(Glarus.)

Stets i Trure muß i lebe,
Stets i Trure muß i sy,
Wyl myn Schatz isch untrü worde,
Muß i's lyde mit Geduld.

Chum'st mir zwar us myne Auge,
Aber nüd us mynem Sinn,
Hättist mil wuol dürfe glaube,
Daß i trü gewese bin.

Rechti Liebi gaht vu Herze,
Rechti Liebi brennet heiß;
O wie wuol ist einem Mensche,
Der nüd weiß, was Liebi heißt.

Spilet uf, ihr Musikanten,
Spilet uf das Saitespil.
Minem Schätzli zu gefalle,
Mögs verdrüße, wer da wil.

Bis die Berge thun sich büge,
Und die Hügel senke sich,
Bis der Tod mir nimmt das Lebe,
So lang wil i liebe dich!

Bis der Mühlstei traget Rebe,
Darus flüßet süßer Wy,
Bis die Distle traget Fyge,
So lang sollst du blibe my!

Kuhreihen der Appenzeller.

Wänd-er yha, wänd-er yha, Loba!
Allsamma mit Rama,
Die Alten, die Jungen.
Die Alten allsamma; Loba, Loba!
Chönd allisamma!
Allsamma, allsamma! Loba! Loba!

Wenn-i anem Veh ha pfiffa,
So chönd allsamma zueha gschlycha.
Wohl zueha, da zueha;
Tryb yha, allsamma!
Wohl zueha, bess'r zueha!
Hübsch sind's und frey holdselig dazue.
Loba, Loba! Loba, Loba!

Wäß wohl, wemmer d'Singe vergaht:
Wenn zwo Wiegla-n-i der Stube staht,
Wenn der Ma mit Füüste dry schlaht,
Und dei Wind zue-n-alle Löchre yne blast.
Loba, Loba! Loba, Loba!

Tryb yha, allsamma:
Die Hinket, die Stinket, die Plätzet, die Gschäcket,
Die Blasset, die Gflecket, die Schwanzere, Fanzere,
Glinzere, Blinzele, d'Lehnere, d'Fehnere,
D'Haslere, d'Schmalzere, d'Mosere, 's Halböhrli,
's Möhrli, 's Säh-Aeugli, 's Träufäugli, die erst Gähl,
Und die Altschrombä, und die Ae,

Der Großbuch und die Nuch,
D'Langbähnere, d'Haglehnere; – ttyb yba!
Wohl zueha! Da zueha! Bas zueha! Loba!

Syt daß i gwybet ha,
Ha-n-i kä Brod meh gha;

Syt daß i gwybet ha,
Ha-n-i kä Glück meh gha. Loba! Loba!

Wenn's also wohl gaht, und niene still staht,
So ist's also wohl gratha. Loba!
'S isch käne Lüte bas, as üsre Küehja,
Sie trinket usem Bach, und wöget trüehja.

Kuhreihen der Entlebucher.

1.

Uese-n Aetti, daß er thäti
Mit dem Chüehli und dem Stierli
Vor das ganze Ländeli stah. Juh sa sa, sa sa sa!
Er cha Chübeli, Bränteli mache;
'S brucht a Ma ze sölige Sache!
D'r Aetti isch gar e brave Ma,
Wie me-n Eine finde cha! Juh sa u.s.w.

Schrybe, Lese-n-und las Wese,
Und die Rechnig-Chunst cha-n-er o mit Gunst;
Isch er nit e gstudierte Ma? Juh ja u.s.w.

Chönnt i wie my Aetti schrybe,
Wett i nit lang meh ledig blybe,
So wie my Aetti wett i's ha,
'S wurd mer endli au so gah. Juh sa u. s. w.

Bueb nimm d's Bräntli, gang jitz endli,
Nimm d's schwarz Chuehli, tryb's zum Uehli;
Du muest aber tugeli thue! Juh sa u. s. w.
Es thuets brönne, es thuets steche,
D's Ueterli wott ihm schier zerbreche,
'S thuet em fry so grüseli weh!
Gell! du hest no nüt so gseh? Juh sa u. s. w.

2.

Bueb, chum abe, deheim ist Chilbi!
Du muest mir es Fuusterli mache!
Und wenn du mir's chast z'sämme trybe,
So will i di denn au la wybe,
Du hest mir viel z'es hitzigs Bluet,
Du thuest mer notti nimme guet.

Denn säge die Narre, i müeßi zum Pfarrer,
I müeß no lehre wybe.
I müeß mer la-n-es Wiegeli mache;
'S bruucht e Ma zu sölige Sache!
I bi doch numme mys Aettis Bueb;
I däiche my Theil, un lache derzue.

Denn stah-n-ig im Gade, u luege grad abe,
So gseh-n-i denn mys Büehli stah,
I luege, wie-n-es brav miste cha,
'S thuet mer nit ab ibm gruse.

Und we-n-i numme chönnt Fäufi zelle,
Sie hätte mi zu-m-ene Amma welle.
Jo, d's Senne Hemmeli ha-n-i scho,
Es müeßt mer für ne Mantel goh.

Kuhreihen der Emmenthaler.

Chnab.

Mys Lieb isch gar wyt inne,
Dört inne-n-uf der steinige Flueh;
Wenn i scho zue-n-em wetti,
0 so reute mi die Schueh!

Meitschi.

La du di d'Schueh nit reue,
Leg du dyni Bantöffeli a;
We du si deh hescht broche,
So chasch ja denn angeri ha.

Chnab.

I ma nit i der Wuche
Uf d'Flueh zu mynem Schätzeli ga;
Es gitt ja so-n-e Fyrtig,
Wo-n-i zum Schätzeli cha.

Meitschi.

My Schatz cha gar guet horne,
Cha-n-alli Reyeli wohl;
Er hornet mir alli Morge,
O we-n-is ga melche soll.

Chnab.

Mys Lieb trybt über d'Gasse
Gar d's Tusig e schöns Trüppeli Veh!
Un i ha gar längi Zyti,
Sobald i's nümmemeh gseh.

Meitschi.

We-n-i deh soll ga melche,
So steit mer d's Chuehli nit recht,
Da stelle-n-i d's Chübli näbed-si,
U gauggle mit dem Chnecht.

Chnab.
O d's Chuehli wey mer verchaufe,
U d's Chalbeli wey mer no b'ha,
We früeh de d'Meitscheni melche,
Cha-n-i no zue dir gah.

Emmenthaler Kuhreihen.

(Bern.)

Es isch kei sölige Stamme,
O weder der Chüyerstand!
We de Meie-n-isch vorhange,
So fahre die Chüyer z'Alp.

Der Meie der isch jetze komme,
Die Chüyer gah-n-uf e Berg.
Bhüet Gott mer alli myni Fromme,
Daß keins mer freß der Bär.

Der Berner-Herre Berge
Die liege-n-im Emmethal;
D'Steimöser und no die Breitärge
Sy die beste-n-überall.

Die Hauenne lyt wyt obe,
Nämisgumm nit wyt sy soll,
Das Bäreloch lyt i dem Boden,
Das Alles weiß i gar wohl!

Die nieder und mittelst Berge
Sy alli gar hoch im Prys;
Dört hei die Chüyer schöni Berge,
Dört ißt me gar gueti Spys.

Dört uf dene obere Berge,
Dört geit gar mengi Chueh;
Es sy das wohl die schönste Berge,
Die Chüyer hei Sorg derzue.

Die Berg im Schangnauer Ranke,
Die trage gar guetes Gras;
D'Chüh gä brav Chäs und guete-n-Anke,
Die Chüyer, die wüsse das.

D'Blüemelischwang und Ritterärge,
D'Lochsyte ghört au derzue:
Das sy die allerhöchste Berge,
Sie stoße-n-a d's Entlibuech.

No ei Berg will i jitz nenne,
Der große Bumbach genannt,
Es stoßt derselb a die Emme,
Und ine-n-a ds Ländlerland.

Die Berg im Bumbach da inne,
Die ghöre alli ga Bern;
Ma cha was Schöns druff gwinne,
Die Chüyer hei sie gar gern.

Die Herre hei brav Senne,
Sie wei brav Senne ha;
Sie thüens ihne ordeli gönne.
Wenn sie cheu druffe bstah.

Die Herre sind nit wie d'Bure,
Sie sy so gar schlimmi Lüt;
Wenn me sie öppe will belure,
Sie traue-n-i ds künftig nüt.

Das Liedli ha-n-i gsunge
De Chüyere nit zum Trutz;
I wünsch, es syg mer wohl glunge,
U bringi ihne viel Nutz,

I wünsche Glück alle Herre,
Dene Bure au zuglych,
I wünschti wohl Alle, sie wäre
Zusamme notti fry rych.

Kuhreihen der Siebenthaler.

I bi ne Bergma wohlgemuth, eh ja gut!
Chleis Meitschi! tryb ume, tryb ane,
Tiyb ufe, tryb yne den brune Stier,
Die rechte Chnabe sy no nit hier.
Si sy no dobe-n-uf der Egg,
Und horne dem schwarzbrune Anni i d's Bett,
Hingerm Riese, vorn am Riese,
Da sy die zwo schönste Alpe-n-im Siebethal;
Da sy die zwo beste Alpe-n-im Siebethal.

Über tredition

Eigenes Buch veröffentlichen

tredition wurde 2006 in Hamburg gegründet und hat seither mehrere tausend Buchtitel veröffentlicht. Autoren veröffentlichen in wenigen leichten Schritten gedruckte Bücher, e-Books und audio-Books. tredition hat das Ziel, die beste und fairste Veröffentlichungsmöglichkeit für Autoren zu bieten.

tredition wurde mit der Erkenntnis gegründet, dass nur etwa jedes 200. bei Verlagen eingereichte Manuskript veröffentlicht wird. Dabei hat jedes Buch seinen Markt, also seine Leser. tredition sorgt dafür, dass für jedes Buch die Leserschaft auch erreicht wird.

Im einzigartigen Literatur-Netzwerk von tredition bieten zahlreiche Literatur-Partner (das sind Lektoren, Übersetzer, Hörbuchsprecher und Illustratoren) ihre Dienstleistung an, um Manuskripte zu verbessern oder die Vielfalt zu erhöhen. Autoren vereinbaren direkt mit den Literatur-Partnern die Konditionen ihrer Zusammenarbeit und partizipieren gemeinsam am Erfolg des Buches.

Das gesamte Verlagsprogramm von tredition ist bei allen stationären Buchhandlungen und Online-Buchhändlern wie z. B. Amazon erhältlich. e-Books stehen bei den führenden Online-Portalen (z. B. iBookstore von Apple oder Kindle von Amazon) zum Verkauf.

Einfach leicht ein Buch veröffentlichen: **www.tredition.de**

Eigene Buchreihe oder eigenen Verlag gründen

Seit 2009 bietet tredition sein Verlagskonzept auch als sogenanntes "White-Label" an. Das bedeutet, dass andere Unternehmen, Institutionen und Personen risikofrei und unkompliziert selbst zum Herausgeber von Büchern und Buchreihen unter eigener Marke werden können. tredition übernimmt dabei das komplette Herstellungs- und Distributionsrisiko.

Zahlreiche Zeitschriften-, Zeitungs- und Buchverlage, Universitäten, Forschungseinrichtungen u.v.m. nutzen diese Dienstleistung von tredition, um unter eigener Marke ohne Risiko Bücher zu verlegen.

Alle Informationen im Internet: **www.tredition.de/fuer-verlage**

tredition wurde mit mehreren Innovationspreisen ausgezeichnet, u. a. mit dem Webfuture Award und dem Innovationspreis der Buch Digitale.

tredition ist Mitglied im Börsenverein des Deutschen Buchhandels.

Dieses Werk elektronisch lesen

Dieses Werk ist Teil der Gutenberg-DE Edition DVD. Diese enthält das komplette Archiv des Projekt Gutenberg-DE. Die DVD ist im Internet erhältlich auf **http://gutenbergshop.abc.de**